教育管理理论与实践研究

卢　波 / 著

吉林出版集团股份有限公司

前　言

　　21 世纪是高科技的竞争，说到底也是人才的竞争。当今世界正处在一个不断发展、变革、调整的时期。各国经济竞争日趋激烈，人才竞争在经济竞争中处于首要地位。我国正处于改革发展的关键时期。要想在这场竞争中取得成功，就必须建立良好的人才竞争机制，大力发展教育。基础教育是提高国民素质、培养创新型人才的基础工程。我们国家一直非常重视基础教育。

　　社会经济的巨大变革和发展，文化环境的价值取向，我国教育政策的调整和教育观念的转变，教育科学理论的突破，世界基础教育课程改革的新趋势，一并引出了我国基础教育课程存在的弊端性问题，为我国基础教育课程多元化发展提供了背景。课程改革关系到新一代的成长与发展，关系到千家万户的切身利益。在课程改革的过程中，存在的问题也逐渐开始显现，人们开始积极探索新课程改革的理论基础、教师的适应性、课程方案的适宜性。与此同时，随着课程改革的不断深入，人们也在不断地对其进行评价和反思。在话语多元化的时代，人们对课程改革有着不同的看法。

　　基础教育管理是教育活动不可缺少的组成部分。随着社会的发展和进步，它在教育活动中的地位和作用变得越来越重要。教育管理理论应用于管理实践是一个漫长的过程，理论与实践相结合是培养人才的有效途径。为加强基础教育管理，逐步建立了系统、科学、客观的基础教育评价体系。通过教育评价的反馈信息，可以了解教育改革中的各种新情况，确定教育发展的方向，做出正确的决策，从而进一步加快和深化教育改革。只有重视教育评价的实践，加强教育评价理论的研究，才能更好地迎接世界技术革命的挑战。

在本书的编写过程中，吸收了一些专家学者的研究成果和著作。由于时间紧迫，水平有限，本书难免有不足之处，恳请各位专家学者和广大读者予以批评和纠正，以期在今后的工作中加以补充和完善。

目　录

第一章　基础教育本质

第一节　教育的本质

"教育是什么"一直是人们关注和争论的话题,从"上层建筑说"到"生产力说",再到培养人的"社会实践说",并且教育产业化、教育民主与公平等问题又为其增添了新的内容,乃至出现百家争鸣之势。

关于教育本质问题的讨论,其范围和内容都十分广泛。翻开中外教育史,对教育所下的定义超过千条,中外的教育家、思想家都有自己的"语录"。《大学》有言,大学之道,在明德,在亲民,在止于至善;鲁迅说,教育是要立人;蔡元培说,教育是帮助被教育的人给他能发展自己的能力,完成他的人格,于人类文化上能尽一份责任,不是把被教育的人造成一种特别器具;陶行知认为教育是依据生活、为了生活的"生活教育",培养有行动能力、思考能力和创造力的人;马克思(Karl Heinrich Marx)、恩格斯(Friedrich Engels,德国)认为教育是促进个人的独创的自由发展;康德(Immanuel Kant,德国)认为教育是由个体自我设计、自我选择、自我构建、自我评价的过程,是自我能力的发展,它体现着社会意志和教育者与受教育者平等自由地、审慎严肃地共同探究的机理,不是"指令",不是"替代",

更不是让茧中的幼蝶曲意迎合或违心屈从；爱因斯坦（Albert Einstein，德国）说，什么是教育，就是忘记学校所学东西后剩下的；蒙台梭利（Maria Montessori，意大利）说，教育就是激发生命，充实生命，协助孩子们用自己的力量生存下去，并帮助他们发展这种精神；亚米契斯（Edmondo De Amicis，意大利）说，教育是爱的教育；雅斯贝尔斯（Karl Theodor Jaspers，德国）认为，所谓教育，不过是人对人的主体间灵肉交流活动，包括知识内容的传授、生命内涵的领悟、意志行为的规范、并通过文化传递功能，将文化遗产交给年轻一代，使他们自由地生成，并启迪其自由天性，教育的原则是通过现存世界的全部文化导向人的灵魂觉醒之本源和根基，而不是导向由原初派生出来的东西和平庸的知识，真正的教育绝不容许死记硬背，也从不奢望每个人都成为有真知灼见、深谋远虑的思想家。关于教育本质的研究方兴未艾，观点也层出不穷，现择其要者简而述之。

教育是上层建筑。①教育是通过培养人来达到为政治、经济服务的目的。②教育与生产关系的联系是直接的、无条件的。生产力对教育的影响是以生产关系为中介的。③教育总是存在于一定社会的，是随着社会历史条件的变化而变化的，教育是一个历史范畴，随着社会经济结构的变迁，教育的性质也发生变化。因此，历史性、阶级性是教育的根本社会属性。

教育是生产力。①教育劳动是生产劳动。②教育具有传递生产劳动经验的职能。③教育实现了劳动力的再生产，它把一个潜在的劳动力变成一个直接的劳动力。④教育投资是一种生产性投资。⑤教育与生产力有着直接的联系，为生产力所决定。

教育具有上层建筑和生产力的双重属性。教育受生产力和生产关系制约，从来就有两种社会职能：一种是传授一定生产所要求的社会思想意识，具有明显的阶级性；另一种是传授与一定生产力发展水平相适用的劳动经验和生产知识，为发展生产力服务。教育一部分属于上层建筑，一部分不属于上层建筑，但整体说来，不能说教育就是上层建筑；教育一部分属于上层建筑，一部分属于生产力，但主要属于上层建筑；教育既属于上层建筑，又属于生产力。

教育是一种综合性的社会实践活动。教育是通过培养人才来为社会服务的。教育的专门特点决定了它同社会生活的各个方面都有联系。既同生产力的发展有关，也同生产关系有关；既同经济基础相联系，也同政治、法律、道德等上层建筑相联系。教育的本质是其社会性、生产性、阶级性、艺术性、社会实践性等各方面的统一。它是一种综合性的社会实践活动。

教育是培养人的社会活动。该观点认为不能把教育看作观念形态，唯物主义的观念形态是第二性的，而教育是由教育对象和教育内容所组成的一种社会实践活动，与教育思想、教育观点是两码事。教育的本质是培养人的社会实践活动，是教育者有目的有意识地对受教育者施予影响和利用，促使其发展的专门培养人的社会实践活动。

教育是促进个体社会化的过程。该观点既同意把教育看作是培养人的过程，但又对这一学说不太满意，认为其只是对教育现象的描述，是同义语的反复，而不是对教育内涵的揭示和阐明。有鉴于此，提出"社会化说"，这个过程的规定性就是：教育者以一定的外在的教育内容向受教育者主体的转化，实现人类文化的传递，促使和限定个体身心发展，促使个体社会化。这一学说成立的依据是：它揭示了教育的内部矛盾——社会要求和个体心理发展水平的对立统一；揭示了人与社会的关系及其教育的作用。

说到教育本质的讨论，还要追溯一下。关于教育的本质问题，在"改革开放"的推动下，教育界于 20 世纪 70 年代开展了有益的大讨论，一定程度上推进了思想解放。现就讨论中提出的主要问题，做些简略介绍。通过对这些问题的介绍，能够看出教育本质的一些核心问题，现在看来当时的讨论缺乏"跨界"思维，是从单一因素出发的，下面我们就当时讨论的情况加以证明。

教育是上层建筑说。该学说是当时讨论的核心问题。这一学说主要是把教育视为社会意识形态之一，进而强调教育的政治功能。这里涉及对社会上层建筑作何理解的问题，马克思主义在论述社会上层建筑时，并未把教育列入其中；社会上层建筑是否都具有阶级性，也是一个有待商榷的问题。这次有关教育是否是上层建筑的讨论，对否定仍然坚持教育是阶级斗争的工具的观点，起到了积极作用。

教育是生产力说。该学说是针对教育是上层建筑说而提出来的，其理论根据是马克思主义教育与生产劳动相结合的论述。它与我国所提出的"教育必须与生产劳动相结合"的教育方针和"培养有社会主义觉悟的有文化的劳动者"的培养目标相吻合。这种观点在当时是比较新颖的，但没有达成共识。

教育是培养人的社会实践说。该学说突出教育的育人功能，是对教育本质认识的一大进展。因此，我们认为，教育的本质至少是以上三个学说的整合。

第二节　基础教育的基础性本质

不论什么是教育，教育的本质是什么，教育始终离不开人和社会两大主题，教育、人和社会构成了复杂的三角关系。分析与解读这组复杂关系，对于认识教育本质是十分重要的，教育是造就人的社会活动；教育既是社会生活的永恒的和普遍范畴，又是历史的范畴；教育作为一种社会活动，是极普通的，又是极复杂的。

一、基础教育的"基础性"

基础教育在国民教育制度中属于启蒙和奠基阶段，具有非常重要的作用和地位。关于基础教育，由顾明远担任主编、国内权威的《教育大辞典》

定义为，"亦称为'国民基础教育'，是对国民实施基本文化知识的教育，是提高公民的基本素质的教育。也是为继续升学或就业培训打好基础的教育"。基础教育属于相对于职业教育和成人教育而言的普通教育。在普通教育里，相对于高等教育的称为基础教育。在我国，基础教育的主体是九年义务教育，还包括幼儿教育（学前教育）和高中教育。

我国基础教育的本质属性是：民族文化（民族精神）和科技文化（科学精神）的教育化、普及化、人格化。这个界定可从三个方面来解读。第一，其基本定性是"文化的教育化"，是对"教育是培养人的社会活动"这一教育的共同属性的认同。无论民族文化还是科技文化，都是人类掌握世界的独特方式，是人类文明进步的动力来源和根本途径，是人类历史遗传与自身发展的载体。因而文化的教育化，即我们所说的教育的共同属性。第二，其基本定向是"教育的普及化"，是对基础教育的社会任务作出的特有规定。这一教育属性是基础教育区别于高等教育、职业教育、成人教育等其他教育的特有属性。第三，其基本定位是在"民族文化与科技文化的教育化、普及化"基础上的"人格化"。即基础教育在"做人"上为学生打基础，使学生个体向着全面发展、身心和谐发展、个性特长充分发展的方向努力，成为有健全人格的主体。

从这个定义看，基础教育有这样的特征：基础教育最显著的特点是它的"基础"二字。基础教育的重要性，关键是"基础"二字，所谓"基础"包含三层意义：第一，基础教育要为提高国民素质打下良好的基础；第二，基础教育要为每个人的终身发展打下良好的基础；第三，基础教育是整个国民教育体系的基础……基础教育的性质和任务决定了基础教育必须为受教育者打下坚实的思想、知识、能力、体质基础。同时，基础教育对人的素质的培养具有不定向、非专门、重潜力的特点。在知识方面不定向，在智力方面不专门化，具有广泛的适应性；在发展方面注重鼓励和涵养学生的潜力，使学生走上社会或升入高一级学校，具有较多的可选择性。从这些论述可以看出，基础教育是最低限度的成套教育，基础教育的内容绝不是一套死板的课程，它是灵活的，适应特定文化环境的，基础教育并不只是在学校里获得，获得教育并不受年龄和地点的限制。根据目前的理解，基础教育是以各方面都具有极大的灵活性为特征的，应当把它正确地看作全面的终身教育制度的最初组成部分。在基础教育发展中要尽量避免仅依据规律之理来设计教育发展易形成的学究主义倾向，或追求理论文本繁荣而教育实践却问题丛生的局面；要避免仅依据价值之理来设计教育发展易形成的理想主义倾向，尽可能少的出现人们众多的教育价值诉求流于空想，无法实现的现实；要避免仅依据现实之理来设计教育发展易形成的经验主义倾向，使教育发展落入孤立、僵化、守旧的困境中。基础教育是打基础的教育，对人的终身发展至关重要，事关每个学生的成长成才，正确的改革发展方向十分重要。

二、科学理解"基础性"是确保基础性的前提

坚持正确的教育改革发展方向，就是要坚持党的教育方针，把社会主义核心价值观渗透到中小学教育教学的各个方面，既教书又育人，真正做到德育为先、育人为本。遵循教育规律和儿童身心发展规律，促进儿童青少年健康和谐发展，要根据基础教育在人的终身发展中的地位和作用以及儿童身心发展规律，正确认识教育的本质，科学确定基础教育的目的和任务。应该更加关注儿童的发展，特别要重视儿童的世界观、价值观、语言发展、身心健康、沟通表达、团结合作以及好奇心、想象力、求知欲、责任心等的培养，并将这些作为基础教育的重要目标，通过综合改革确保这些目标成为学校的主要任务，成为社会和家长评价学校好坏的主要依据。不管我们置身何种时代，基础教育都不能忘掉基础的本性，即基础教育的根本指向是培养人，培养健全的青少年儿童，而不是培养专才，哪怕是创造型的专才——尽管我们同样需要鼓励青少年儿童创造力的发挥，我们的根本任

务并不是创造力的开发，而是首先让他们成为健全的富于创造个性的人。与世界其他国家相比，我国基础教育质量相对较高。但我们还必须看到，我国基础教育过于注重知识传授，忽视思维能力和兴趣的培养，忽视体魄的健康和人格的健全。端坐静听、死记硬背、题海战术、分数第一等还没有从根本上转变，学生的认知发展、兴趣爱好、身体素质、心理健康、创新精神、动手能力和社会责任感等未受到应有的重视。要进一步转变教育观念，树立新的人才观、质量观和学生观。当前全球发展已进入创新驱动的新阶段，基础教育必须适应新形势，要充分认识到教育要以促进学生发展，特别是学生的身心健康发展为核心，不是为了分数和升学率，不可本末倒置。

《教育大辞典》认为，基础教育是对国民实施基本的普通文化知识的教育，是培养公民基本素质教育，也是为继续升学或就业培训打好基础的教育。在这里，"基础"的内涵包含了普通文化知识、公民基本素质。总的说来，基础教育的"基础"，其内涵与外延目前大致存在三种取向：知识取向，强调基础知识的传授，包括基础的人文社会知识以及自然科学知识；能力取向，强调基本能力的训练，包括基本的读、写、算能力以及基本的学习能力、实践能力；道德取向，强调基本道德品质的培养，包括最基本的个性品质，如自尊、自信、自强以及最基本的社会交往道德品质，如宽容、友善和诚信，等等。然而，在实际操作层面，这三者都是对基础的"泛化"性描述，尚未揭示出基础教育中"基础"的最本质特征：不可或缺性、生长发展性。即被涵盖在"基础"中的元素，应该是最基本的、缺少便不足以为继的，同时，又是不必过量和过度发展、能为未来留出更多发展空间和发展余地的，能让未来的发展具有更强的可持续性的内容，对于这些内容，可以称之为"核心基础"，或者说，基础教育中的基础所具有的本质特征就是它的核心性，是基础教育的 DNA。

因此，我们认为，基础教育的本质是基础性。

基础教育的本质是基础教育的根本规定性，是基础教育与其他教育类型的根本区别，是基础教育的规律性反映。基础教育的根本规定性表现在：

①它是为培养合格公民打基础的教育，不是直接培养政治上、管理上接班人的教育；②它是为培养合格劳动者打基础的教育，不是直接培养消费者、享受者的教育；③它是为培养专门人才打基础的教育，不是直接培养专门人才的教育；④它是帮助学生认识世界的教育，不是要求学生直接去改造世界的教育；⑤它是促进学生全面发展的教育，不是限制学生的片面发展的教育；⑥它是公平的、普及性的教育，不是选择性的、等级性的教育；⑦它是强迫性、义务性、公益性的教育，不是产业性、收费性的教育；⑧它是关注生命价值与意义提升的教育，不是漠视生命的、工具性的教育。

如果说过分追求知识导致我们远离智慧，是对基础教育之"基础"的理解之"错"，那么我们就必须追问，基础教育之"基础"的本质究竟是什么？

基础教育的本质就在于它的"基础性"，它是与处在基础教育阶段的学生特点相联系的，它的特征就像是生命科学试验的"培养基"，其作用在于为处在本阶段的学生下一个阶段的发展和成长奠定基础，它必须有"够用"但不"过度"肥沃的土壤，有个性但不失平衡的生态。

事实上，无论身处什么时代，我们都必须始终坚守基础教育的"基础性"。唯有坚守"基础性"，我们的教育才不至于偏离轨道走向或唯智、或唯才、或唯考……的道路，进而出现"抢跑教育"。当然，随着时代的变化，"基础性"的内涵也在不断地拓展和丰富，这个需要我们特别注意。如图表示了人类文明进程的方向。

人类文明进程的变化，必然导致社会和文化的冲突，社会冲突与文化冲突必然导致教育观念的变化：教育目的从一技之长的培养到创新思维的培养，教育价值从精英教育到全纳教育，教育知识从客观知识到建构知识等，特别是教育方法从给予到建构的变革。

人才培养质量包含三个方面的内容：一是上课质量，二是教学质量，三是教育质量。"学会教学"是无须追问的事，"教学"是中国教师最引以为豪的。对于大多数中国教师来说，展现课堂风采是一项既不费力又非常乐意去做的事情。好的老师至少要教会学生四项内容：一是基本的知识点与核心价值观；二是创新思维方式；三是给孩子注入独立思考与创新创造的基因；四是养成协作精神与社会责任担当的习惯。为此，我们的教育教学必须作出相应的变革。

首先，改变教学理念。要办最好的基础教育，就必须要大力推进实施探究式、小班化课堂教学改革，但是这项改革不是简单地减少课堂上学生的数量，也不是简单地追求小班课比例，最根本的是改变传统的教育教学理念，从内涵上、教学过程中实现互动式教育、启发式讲授。当前，老师大多是在应试教育背景下成长起来的，习惯于把知识点讲得清清楚楚，习惯于从题库中选择标准答案，以考试成绩衡量学生。如果我们仍然存在这样的理念和思维惯性，教学改革意义就不会太大，因为这样培养的学生，其想象力、独立思考能力不会强，批判精神、创新思维和创新创业能力更不会强。因此，我们需要通过课程教学环节的改革，让启发式讲授、互动式交流、探究式讨论、非标准答案考试真正常态化，真正实现"教学相长"。从而启发学生的想象力、批判性思维和独立思考能力。当然，传统的应试教育有其优点，我们不能简单地全盘否定。应试教育的优势就在于能促进学生的知识记忆，而应试教育的缺点则在于使学生缺乏想象力、独立思考能力，更缺乏批判精神和科学思维方式。事实上，我们每个人的大脑都有两大重要功能，一个是记忆功能，另一个是想象功能。但从中小学开始，我们一直在开发学生大脑的记忆功能，其开发率经达到90%，但对大脑想象功能的开发还不到60%。同时，我们必须意识到，满堂灌可以说是"极右"，而满堂问则是"极左"，极左比极右更可怕。所以，我们要改变理念、改变思维、改变习惯，让启发式讲授、互动式交流、探究式讨论、非标准答案考试成为新常态。做到这点，需要有第二步紧跟。

其次，投入更多备课时间。基础教育要不要备课，回答是肯定的。但是怎样备课？这个问题值得深思。我们倡导研究性备课，一备人才培养目标，六个年级拉通思考，各个学科整合思考，校内校外全面思考；二备学生，学生的基础，学生的兴趣，学生的发展追求；三备教学资源，教师自身优势，学校优势，教材教参资源，其他教学条件。虽然教师承担的课时数量有减少的趋势，但是他在课外花费的时间和精力是课堂教学的几倍甚至是十几倍。我们需要彻底改变一份教案使用三五年、甚至十年之久的情况。

再次，改变教学方式。我们推行教学改革，必须提倡合理安排学生学习时间，要让学生去图书馆查资料，要让学生多读书而不是多做题。因为在非标准答案考试中，即使学生带上参考资料也不一定能考取高分，而在传统课堂教学和标准答案考试中，学生只要记住重点内容、公式就能考取高分。因此，如果学生缺乏想象力和创新思维，在非标准答案考试中就很难拿到高分，甚至可能拿不到相应的学分。我们要实施课堂教学改革，不是靠一次讲座、一个要求、一份文件、一次会议就能实现，而是需要每位教师投入更多时间和精力，去真正实施启发式讲授、互动式交流、探究式讨论。同时还要投入更多时间和精力，精心设计非标准答案的试卷和题目，考试的内容不是简单地考查学生知识点的记忆，而是要考查学生对知识的思考和领会。

最后，积极拓展教学广度。一般而言，具有宽广的知识结构是增强学生竞争力的重要保障。教师对课程的讲授不能仅仅局限于本年级本学科的知识，而要有更宽广的知识背景和文化功底。在课堂教学中，不仅要把书本知识活灵活现地教给学生，更要在课堂教学中融入其他知识点，引导学生在学好本门课程知识的同时，去学习其他相关的学科知识，使学生从多角度思考和解决问题。这意味着在实施探究式、小班化教学的过程中，教师不仅要善于培养学生的科学思维方式和独立思考能力，更要努力拓展课堂教学的广度；不仅要教会学生本学科的知识、教材上的内容，更要引导学生去学习与之相关的其他学科知识，鼓励学生把不同学科的知识融会贯通，培养学生多学科的知识背景和结构。

第三节　教育价值与功能视角下的基础教育本质

一、教育的价值与功能

什么是本质？本质是指事物本身所固有的，决定事物性质、面貌和发展的根本属性。事物的本质是隐蔽的，是通过现象来表现的，不能用简单的直观去认识，必须透过现象掌握本质。我们在理解基础教育本质的时候，就是要找到反映本质的现象因素，我们认为，核心因素应该是教育价值和教育功能。

价值是对象性客体对于主体需求的满足程度。这是基于主客体关系说的。主客体关系有两个基本过程：一是主体客体化，指客体对主体的作用与影响；二是客体主体化，指主体对客体的作用与影响。后者是所谓"价值"的实质内容，客体主体化指主体依据自身的尺度，从物质与观念上去接触、影响、改造客体，在客体身上显现和直观自己的本质，使客体具有主体所赋予的特征，从而实现客体的发展。客体主体化具有鲜明的主体特征，因为任何价值现象的特点，都依主体的特点而形成，并主要表现出来自主体一方的规定性。价值有三个特性。一是为我性，当物按人的方式同人发生关系时，"我"才能在实践上按人的方式同物发生关系。这表明价值是因"我"而存在的，为"我的发展"而服务的。二是需要性，"需要"产生于主体自身的结构规定性和主体同周围世界的不可分割的联系，是人的生存发展对外部世界及自身活动依赖性的表现。这也说明价值的存在是源于主体自身发展对于自身活动及外部世界的依赖性。三是效益性，主体的需要与目的通过客体转化成为现实的客观形态，客体同化于主体，客体为主体服务，价值就得以实现。教育价值即是教育行为的"有用性"，这种"有用性"既包括教育行为自身的效用体现和对受众需求的满足度，也包括外界对教育的接受、享有和利用的认同度。教育价值属于关系范畴，客体是教育活动，主体是与教育活动关涉的个人与社会，二者的关系就是与教育活动关涉的主体的需要与教育活动这一对象性客体的属性之间的关系。从客体主体化的角度来看，教育活动关涉的主体依据自己的需要及目的、主体结构及其规定性，从观念、行为、活动等方面影响、变革、构建教育活动，使得教育活动显现与教育活动关涉的主体的本质、特性等，从而促进与教育活动关涉的主体进步与发展。价值取向是一个社会科学范畴，具体是指某一特定主体在面对矛盾、问题、关系时，基于自身的价值认识所持有的立场、观点、态度，并据此对这些矛盾、问题和关系进行处理方法的选择。教育目的价值观下的教育价值取向包括两个内容。其一，教育目的的理论性和现实性是理论教育价值取向和现实教育价值取向的依据，理论教育价值取向又称"应然教育价值取向"，强调的是教育的长远价值，是一定社会环境之下人们对教育成果的理想假设和教育发展的价值预期；"现实教育价值取向"又称"实然教育价值取向"，是一定社会环境下人们对教育活动现实利益的追求，强调的是教育的现实价值。其二，教育目的的社会性与个体性是社会教育价值取向和个体教育价值取向的依据，社会价值取向强调的是教育的社会价值，着眼于教育活动对整个社会宏观发展过程中的价值实现，强调教育在推动个人社会化中的价值实现；个体价值取向强调的是教育的个人价值，着眼于教育活动在对个人综合素质提升过程中的价值实现，旨在满足个体发展需求。知识教育价值观衍生出三种教育价值取向，分别为：功利教育价值取向、认知教育价值取向、发展教育价值取向。功利教育价值取向强调教育的实用性，认为教育价值应该在具体应用中加以实现，由此为个人发展创造功利，为整个社会发展创造功利；认知教育价值取向强调的是教育的知识性，认为教育价值应该在继承、传播、发展、创新教育知识、打造更加完备的知识结构和体系的过程中实现价值；发展教育价值取向强调的是教育的发展作用，认为教育价值主要应在对个人、地区、社会以及整个人类文明的长远可持续发展能力培养和塑造中加以实现，关注教育的全面性和长远性。

学校对于社会具有改造的作用，教育"救国论"就是一种重要的表现，近代许多知识分子、学者、思想家、教育家，如黄宗羲、严复、陶行知等都对此有重要的论述，都试图通过教育改变国家的落后面貌。在谈及学校教育对社会生活的改造作用时，杜威认为，学校教育的功能主要表现在三个方面。其一，简化社会生活，以便使儿童适应并促进儿童对社会生活的把握。其二，净化社会生活。学校教育的职责不仅在于简化社会生活，以使儿童适应，而且在于尽力排除现存环境中的丑陋景象，以免影响儿童的心理习惯。其三，平衡社会生活。由于儿童生活于不同的社会环境之中，接受的社会生活的影响往往有片面之处，教育就应使儿童生活于一种整体的、全面的、合理的社会生活环境之中。经过教育简化、净化、平衡了的社会生活，就是"改造的社会生活"。

二、基础教育本质应该包含文化性

文化和教育自诞生之日起就形成了密不可分的关系，文化构成了教育的内容，教育是文化的一种"生命机制"，文化的传承离不开教育。学校作为教育机构，它具有多方面的职能，其中最重要的一项职能就是发扬人类的文化。人是文化的创造者，同时又是文化的传递者、使用者、保守者，人类生活的文化，因人而表现，而存在，而绵延，而发扬光大。文化的价值附丽于人类的活动，人类的一切行为，都是表演文化的活动，社会环境，也就是文化的环境，文化是人类创造的事物，社会环境的改进，社会的进步，亦就是文化的发展，社会服务的目的，在于增进人类的生活，改善社会的环境，因此必然的它的目标，也就是光大人类生活的文化。

三、大数据时代下的基础教育

大数据包括数据的结构形式、数据的规模和数据的处理技术。大数据的学习资源库囊括了各学科、各专业、各类型的海量资源，是一个综合型教学资源仓库，它一方面能保障学习资源库资源的完整性，通过数据分析，有助于开展"个性化自适应"式学习资源服务，另一方面能提高对学习资源库的数据分析的实用性，有助于引导使用者的教学、科研活动。大数据促进了信息化教学变革，生成了新的资源观、教学观和教师发展观。新资源观是指变教师上课资源为学生学习资源；新教学观是指信息化教学前移；新教师发展观是指新素养、新"微格"、新职能——转型呼之欲出。大数据变革信息化教学表明，一个信息化教学创新的时代已经到来，信息化教学前移就是云计算和大数据时代的信息化教学在基础教育领域的创新与发展。它将唤起人们关于改革畸形高考方式的紧迫性的思考，推动"教师为中心"的教学方式向"学生为中心"的教学方法转变，推动"演员型"教师向"导演型"教师转型。

大数据变革思维方式和工作方式，为信息化教学变革创造了现实条件，翻转课堂、MOOC 和微课程就是大数据变革教育的第一波浪潮。

翻转课堂起源于美国，有两个差不多同时启动的经典范本。一个源于科罗拉多州林地公园高中两位科学教师的探索，还有一个源于孟加拉裔美国人萨尔曼·汗（Salman Khan）的实验。两个范本都采取让学习者在课前学习教学视频，在课堂上完成作业、工作坊研讨或做实验的方式。教师则在学生做课堂作业遇到困难的时候给予他们一对一的个性化指导。结果，学生成绩得到显著提高，学习信心得到极大增强，学生、家长和教师的反馈都非常肯定。萨尔曼·汗发现了产生学习困难学生的真实原因，在传统教学模式环境中，学生经历听课、家庭作业、考试，无论得 70 分还是 80 分，得 90 分还是 95 分，课程都将进入下一个主题。即使得到 95 分的学生，也还有 5 分的困惑没有解决。在原有的困惑没有解决的情况下，建立下一个概念将增加学生的困惑。那种只管要学生快速向前的传统教学模式，其效果适得其反。

受翻转课堂"用视频再造教育"的启发，MOOC（Massive Open Online Course，大规模开放在线课程）开始井喷，领军的三驾马车是源于斯坦福的 Coursera，Udacity 以及由麻省理工学院与哈佛大学联合创办的 edX。与 MOOC 一样，微课程灵感来源于可汗学院的反转课堂试验。利用微课程资源，学生可以在家自主学习。如果学有困惑，可以暂停、倒退、重放，方便个性化地达成学习目标。实在不能解决的问题，就记录下来，方便教师提供指导。在课堂上则可以通过作业、实验、工作坊等活动内化所学知识，很有翻转课堂中国化的味道。微课堂灵感还与视觉驻留规律有关。一般人的注意力集中的有效时间在 10 分钟左右。

随着互联网技术的普及，信息技术向教育领域的快速融合正在引发一场教育革命，MOOC 拉开了这场革命的序幕，其变革的内容不仅包括教学方式，还有组织模式和商业模式。这种多维度的综合变革将打造全新的教学模式和教育组织模式，实现对教育"革命性的变革"。MOOC 的出现和快速向全球推进，有深刻的技术背景和复杂的社会动因。其一，互联网技术、信息技术日新月异的发展变化为 MOOC 提供了强大技术支撑。互联网、移动通信追求全球覆盖、无缝对接，MOOC 将随互联网的普及而普及，随移动通信的延伸而延伸，随网络功能的拓展而加速向全球化和体系化扩展。其二，人们对教育创新的期盼催生了"MOOC"加速发展。随着世界技术革命的兴起和人类社会的文明进步，公民对教育的要求越来越高，渴盼早日打破传统教育模式的资源紧缺和利益固化局面，而 MOOC 使公民对分享优质教育和普惠教育的要求由"永远在路上"变成眼见为实的红利。其三，颇受诟病的教育体制机制为 MOOC 破茧成蝶提供了机遇。教育改革滞后，机制顽疾拖累造成的办学模式固化、校际壁垒分明、社会参与度低、学校治理乏力、学校教育与社会需求脱节等，积累了政府与学校，学校与社会、家长的诸多矛盾，都为 MOOC 的迅速拓展提供了空间。其四，各国政府、教育主管部门、高等学校、大学教师的高度重视助推了 MOOC 的快速发展。美国、加拿大以及欧洲等已经出台相关应对策略，世界著名大学已建立 MOOC 联盟，我国许多高校正在迅速参与跟进。所有参与跟进和应对政策都是参照 MOOC 已形成或正在创建的在线认证模式强化教学管理，虽由"倒逼"产生，却恰恰加速了 MOOC 的推进速度。在这样的形势下，加强教师的现代化意识培养，从原来的单一讲课考评到说课、讲课、反思三维训练显得非常紧迫。说课的对象是专家，说的是现代教育理论；讲课的对象是学生，讲的是人才培养目标的达成度；反思的对象是自己，是问题导向，坚持的是可持续发展与持续改进。查建华校长工作室的重点工作之一就是开展说讲思训练。

第二章　新时代基础教育质量管理

第一节　基础教育质量管理的内涵、特点

一、基础教育的内涵及特点

基础教育指学前教育和普通初等和中等教育的学校，因为这几个阶段教育的根本任务是培养受教育者的基本素质，认为它和人才打下坚实的基础，以及成员的一个国家，一个民族的整体打下坚实的基础，提高所谓的基础教育的质量。

基础教育的基本特征是基础。基本意味着两件事。首先，它是整个国家教育体系的基础和所有教育的起点。它的质量不仅关系到今后各级各类教育的成败，而且对整个民族的综合素质的提高有着决定性的影响。其次，基础教育的基本任务是向受教育者传授基本的知识和技能，培养受教育者的基本素质，为其科学的世界观、正确的人生观、价值观、道德观奠定基础；为他们参与社会生活，接受高等专业教育和职业教育做好准备。

首先，基础教育必须为学生打下良好的基础。许多教育家以不同的方

式谈论过学习如何做人的重要性。人首先是人，然后是科学家、政府官员、律师、医生、教师等。在我国，基础教育要为他们成为社会主义事业发展所需要的新人奠定良好的基础。基础教育的对象是处于快速发展过程中的儿童、青少年和青年。他们正处于由社会意识淡薄的个体向成熟的社会主体的转变时期。他们的未来是无限的和光明的。但是，这一切都取决于一个人是否从接受教育之初就在生理和心理上为未来的美好生活做好了准备，为自己未来的发展做好了准备，即是否牢固掌握科学文化知识和基本技能，积极发展思维能力、表达能力、稳定地形成了良好的思想品德和高尚的审美情趣，具有强健的体魄和健康的心理，具有良好的自学习惯、自学能力和自我发展、自我完善的能力。只有用这种方法，他们在路上的生活、在未来，才会有一个广泛的无限自由度，社会适应能力的发展。善于选择你的生活也能够更好地应付生活的挑战和选择，成为真正的主体和创造社会生活享受社会生活真正的主人，成为社会发展的新动力。因此，基础是教育的基本任务是促进所有适龄儿童、少年的身体和精神，知识，能力，品德和个性等方面的全面发展，可以促进他们的道德根基，发展智慧的源泉，成为社会发展的需要，成为期待的人。在这方面，基础教育具有基础性、全面性和整体性的特点。

在教育体系中，基础教育相对于职业技术教育和高等专业教育，基础教育是职业和专业教育的基础和准备。

没有基础教育的铺垫，职业教育和专业教育就会成为无源之水、无本之木。在现代社会中，普通教育（基础教育）与职业教育出现了融合化的趋势，也就是说，在基础教育中，为了促进受教育者的全面发展，学校实施了德育、智育、体育、美育、劳动技术教育和心理健康教育等各个方面的教育，其中劳动技术教育也包含一定的职业教育的内容，但是，这是不够的。因此，基础教育的毕业生在进入职业生涯以前，还必须进行一定的职业教育或专业教育。可见，基础教育既是其做人的基础，也是其做事的基础。

其次，基础教育还担负着为提高公民文化素质奠定基础的任务。为了提高世界各国人民的综合素质，各国开始实行法律保障的义务教育和免费义务教育。义务教育是唯一真正属于全民、人人能够、人人必须接受的教育。义务教育制度的长短和质量可以反映一个国家的国民素质。当然，国民素质或公民素质包括各个方面，它本身是一个复杂的系统工程，不能完全靠基础教育或整个教育来解决。

二、基础教育质量的内涵及表现

基础教育质量是指基础教育活动及其结果能够满足社会和受教育者需要的特征的总和。这一概念包括三个含义：一是对某一计划或标准体系的遵从程度；二是相对于社会和受过教育的人的需求的满意度；三是相对于基础教育的理想追求，在基础教育工作或其产品的质量上。

基础教育的质量体现在基础教育领域中各种教育活动的能力及其结果的总和，如适用性、稳定性、经济性和可塑性。基础教育的质量还应关注其基本特征。这是由基础教育的基本性质和基本任务所决定的。在理解基础教育质量观时，要突出时代精神，体现与时俱进的概念内涵。为此，应特别注意以下四点。

（一）基础教育的质量是面向全体的质量

基础教育的基础决定了它是每个人参与社会生活的基本前提，是不受歧视的教育的典型代表。在基础教育的质量上，是全体受教育者的质量，而不是少数或大多数学生的质量。这就要求学校教师能够以高度的社会责任感来对待每一个学生的学习，以确保他们能够实现基础教育的质量目标。

（二）基础教育的质量是突出主体的质量

人的主体意识和主体精神是现代社会的灵魂。基础教育的使命是帮助和确保个体成为真正意义上的主体，即促进主体的主体化过程。在社会实践中，人是认识世界、建构世界和创造世界的主体，这是总体意义上的主体。就个体意义而言，有些人可能一辈子都没有成为真正意义的主体，也就是说，他们还没有实现主体的主体化。一个人是否为主体，最重要的标准是主体意识的觉醒，主体精神的培养，主体智慧的发展，即一个人从自觉的人转变为"自觉"的人。主体化是一个人一生的事情，而早期教育在促进个体主体化的过程中起着至关重要的作用。因此，在基础教育阶段，应将受教育者视为学习活动的真正主体。学校学习生活是由授教育者和受教育者共同建构的，而不是由受教育者自己选择学校生活乃至社会生活。因此，基础教育质量的评价主要要看学生在学校学习活动中的表现，要看他们的独立性、自主性、自律性，总之要看学生的主观意识、主观精神和主观能力的发展。

（三）基础教育的质量是着眼基础的质量

这是整个基础教育质量的主轴。基础教育必然是着眼基础知识、基本能力、基本品德、基本人格的教育，也就是养成基本素质的教育。因此，对基础教育质量的衡量不能好高骛远、拔苗助长。一定要抓住"四基"，使受教育者在做人和做事（学习、劳动）方面能够打好牢固的基础。

（四）基础教育质量是立足发展的质量

基础教育只是一个人一生的发展阶段，而不是一个人教育的终点。在越来越重视终身教育的时代，教育者必须从发展的角度和未来社会发展的战略高度来思考基础教育的质量。真正的素质是适应个人和社会未来发展的素质，而不是适应社会和个人未来发展的素质。因此，基础教育的使命是把学生介绍到门口，送到路上，而不是越界，为他做一切。发展是绝对的原则，这也适用于评价基础教育的质量。

三、基础教育质量管理的概念和特点

基础教育质量管理是指基础教育质量管理的主体在一定的教育质量观指导下，对基础教育的活动计划、过程和结果的质量进行控制的一系列管理活动。确保基础教育活动的过程和结果达到预期的素质目标。

基础教育质量管理包括两个层次：国家教育行政部门和其他政府授权机构对基础教育的质量管理和基础教育机构自身的质量管理。

基础教育质量管理是全面贯彻党和国家的教育政策和策略，执行国家的《义务教育法》等相关法律的重要保证，同时，它也是实现基础教育预定质量标准的基本前提。没有科学、可行、严格、规范的基础教育质量管理，就没有基础教育质量的提高和提升。因此，要把基础教育质量管理作为影响国计民生的重要社会管理工作，把提高全民族整体素质作为一项战略任务来落实。

基础教育本身包含三个不同的教育阶段，即学前教育、普通初等教育和普通中等教育。每个阶段都有其独特的教育使命和质量标准。因此，教育质量管理存在着不同的要求，反映了内部质量管理的差异。但总体而言，基础教育质量管理具有以下四个特点。

（一）国家主导性

基础教育是国民素质的基础工程，是整个教育塔的基础。基本属于国家法律规定、国家权力保障的义务教育范畴。因此，其质量必须由国家强制保证，体现了明显的国家质量管理过程的主导特征。

国家的主导特征体现在三个方面。

1.基础教育的教学计划、课程标准、质量评价准则等必须由国家统一

制定并依靠政府的力量确保实施

基础教育是培养每个公民的基本素质，也是每个人依法应该和必须接受的最基本的教育。个人无论其家庭经济状况和政治态度、种族、性别等如何，都应能够接受这种教育。因此，国家有义务和责任保证其质量。

2. 基础教育的投资主要应该由国家来保证

义务教育最重要的特征是免费教育与义务教育的完美结合。既然国家要强迫每个人接受义务教育，就必须确保他们不会因为付不起学费而辍学。否则，由于社会中家庭收入差异的客观存在，贫困家庭可能确实没有支付能力，无法保障子女上学的权利。在这种情况下，只有实行国家保障基础教育投入的制度，才能保证每个适龄儿童的上学权利，保证义务教育期间学校设施的质量。

3. 基础教育的教育者的任职资格和工资福利应该由国家来保证

由于基础教育的受教育者处于人生发展的初期，其社会生活经验相对缺乏，基础教育的质量主要取决于教师的质量。只有使小学教师的社会地位（工作环境、工资待遇和社会福利）能够产生足够的吸引力，才能保证优秀的人才到小学任教，才能保证基础教育师资的整体质量。

（二）标准基础性

基础教育的主要任务是培养受教育者的基本知识、基本能力、基本道德和基本人格，发展受教育者的基本素质，为其持续发展和参与社会生活奠定基础。因此，在基础教育的质量管理过程中，我们应该制定适用于所有受教育者的标准，即每个人都必须满足基本要求。该标准的基本特征使义务教育质量标准在基础教育领域的实施成为可能。这个标准只规定了每一个受过教育的人应该达到的基本素质要求，而不是少数受过教育的人通过努力才能达到的精英素质标准。

基础教育质量标准的基本特征也是由我国国情决定的。中国是一个发展中国家，正处于社会主义社会发展的初级阶段。虽然国民经济发展水平正在迅速提高，但总体水平仍然相对落后。中国人口众多，是世界上人口最多的国家。确保每个孩子都能接受良好的基础教育是一项巨大的工程。在短期内，国家很难保证每个地方都能得到足够的基础教育投资。我国幅员辽阔，地区之间、城乡之间发展差距较大，必须因地制宜推进基础教育质量工程。可见，在制定基础教育质量标准的过程中，应充分考虑区域差异、城乡差异、贫富差异、个体差异等因素，从而使基础教育的质量标准按照经济学上的"木桶原理"（即木桶装水是以最短的一块木板的高度作为限制条件的）来制定，目的是所有地方经过努力都能达到标准。

（三）对象全面性

基础教育质量管理是对基础教育的一切活动和结果，一切要素和要素的一切方面的综合管理，包括所有教育者和受教育者所参与的各种教育、教学和管理活动的过程和结果。因此，它具有质量管理对象的综合性特点。

基础教育质量管理目标的全面性是以教育目标的全面性为先。基础教育是每个孩子都应该接受的教育。虽然我国目前实行的是九年制义务教育，但随着我国经济的发展、社会的进步和人民整体文化素质的提高，整个基础教育很可能成为义务教育的范畴。即使在目前，中国的教育政策也强调以全体学生为导向，作为基础教育的基本原则，要求必须把促进每个学生的全面发展作为基础教育的基本目标。因此，这说明基础教育的质量就是所有学龄儿童和青少年的质量，就是所有受教育者的质量。

（四）质量综合性

基础教育质量，就教育制度而言，是指基础教育各方面的质量；受教育者的素质，是其品德、知识、智力、个性等各方面的全面协调发展和提升。因此，其具有综合素质的特点。

基础教育虽然是整个国民教育体系的组成部分，但是它也包括各个子系统。例如，在对学生的培养方面，包括德、智、体、美、劳、心等方面的教育，相应的素质也包括这六个方面的教育。就教育质量管理的主体而言，包括各级政府及其教育行政部门对基础教育的管理质量，以及小学、幼儿园等基础教育机构对教育质量的管理和控制。就教育质量管理过程而言，包括教育计划质量、教育过程质量和教育结果质量。接受教育学素质，包括其政治思想、道德素质、文化知识、能力水平、个性素质、身体机能等各方面情况。正是从这个意义上讲，基础教育的质量才具有综合特征。

第二节　基础教育办学与管理提升的新机制

一、运用科学发展观，加快向教育强国迈进

教育是建设创新型国家、实现社会主义现代化的强大人力资源的根本源泉。我们必须坚持以人为本，把最广大人民的利益作为一切工作的出发点和落脚点，不断满足人民各方面需要。必须坚持教育发展与人的全面发展相协调，切实保障人民的经济、政治、文化权益，使发展成果惠及全体人民。这是新科学发展观的本质和核心，也是新科学人才观的出发点和落脚点。

（一）运用科学的发展观促进教育和人的全面发展

科学发展观强调的发展应该是全面的。教育的对象是人，教育的目的就是培养人，让人得到全面的发展。要彻底打破应试教育的模式，真正做到"以人为本"，让学生自由全面地发展，这是当前教育战线的重要任务。

我们要深刻思考教育与人的全面发展的关系，坚持教育以人为本的发展。我们要把素质教育作为实现人的全面发展的基础，把理想信念教育放在首位，加强人文素质教育，促进受教育者在德、智、体、美等方面的全面发展。

21世纪是信息时代，是科学技术飞速发展的时代，也是竞争激烈的时代。这次的竞争是综合国力的竞争，是科技的竞争，说到底是综合素质的人才的竞争。新世纪要有经济实力和科学实力，以国防实力和民族凝聚力为基础的综合国力将日益成为一个国家创新能力的基础，成为提高现实生产力和国际竞争力的重要力量。新技术革命和知识经济的兴起，将深刻改变人类社会生活和国家竞争的格局，教育为当今世界经济竞争创造了人力资源的优势，将成为决定国家发展水平和国际竞争力的决定性因素。

面对新技术革命和知识经济的挑战，党和国家把事关民族前途命运的科学技术和创新水平提高到新的水平。提高科技水平和创新能力的基础在于教育。教育是知识创新、传播和应用的主要基地，是培养创新精神和创新人才的摇篮。教育对于培养高素质的劳动者和专业人才，提高创新能力，提供知识和技术创新成果具有独特的意义。教育在完成工业化任务的同时，也要做好迎接知识经济时代的准备。教育对知识经济的发展（即工业化的完成；高等教育大众化；创新能力更强）将起到关键作用。因此，只有把教育放在优先发展的战略地位，努力提高全民科技文化素质和知识创新能力、技术创新能力，才能在前所未有的严峻挑战中立于不败之地。只有教育的规模、结构、体制、运行机制和人才培养的智力水平适应现代化的需要，实现教育和科技创新的能力，才能抓住机遇、拓展机遇、抓住机遇。当今世界经济的发展，从根本上来说是综合国力、科技、人力、智力的竞争。所有这些竞争归根结底都是教育方面的竞争。因此，面对中国教育面临的机遇和挑战，我们必须适应不断发展的社会观念，才能与时俱进，改革创新。

（二）运用科学的发展观促进教育事业的协调发展

科学发展观强调统筹兼顾、协调发展。从教育的内部来看，要保持教育各层次的协调发展，保持教育规模、结构、质量和效益的协调发展；从区域结构上看，要坚持教育公平正义，缩小城乡教育差距，促进城乡教育协调发展。从教育的外部来看，要从经济社会发展的全局来规划教育，把教育作为促进经济建设、社会发展和科技进步的内在重要因素，确保教育、经济、科技、社会良性互动、协调发展。层次、类型、布局和结构是落实科学发展观必须考虑的重要问题。

振兴教育事业，要统筹兼顾教育的各方面发展，始终坚持统筹兼顾。在实际工作中，关键在于牢牢把握人民群众对优质教育资源日益增长的需求与现有优质教育资源不能满足人民群众需求之间的矛盾，立足基础教育，满足受教育者对优质教育资源的需求，按照"分类指导，逐步推进，整体优化"的原则，促进义务教育均衡化，加快小学学校结构布局调整的步伐，不断加大教育结构整合的力度，真正实现教育资源优化，基本满足全体人民对优质教育资源的需求。

改革与创新是中国教育把握机遇、应对挑战的关键所在。为此，必须解放思想，实事求是地从现行教育的弊端出发，紧紧抓住教育思想的更新，破除传统的"传道、授业、解惑"，以"智育第一"的主导思想和守旧的单一模式，填鸭式的、脱离实际的教育方法，在各类学校从思想到行动有效地实施素质教育。根据经济建设快速发展的需要，需要不断创新以适应和促进社会主义建设的发展。我们还必须申明，教育是一门科学，然而整个社会不重视教育技术。我国虽然有很多专业的专家和学者，但是在宏观上研究教育科学的专家和学者，几乎很少，所以在这方面的教育科学技术研究落后于发达国家的现状，不能不引起人们的深刻思考和担忧。当然，我们也必须看到，改革开放以来，特别是素质教育实施以来，在教育方面有许多可喜的新气象，但从教育必须与经济建设同步发展，以推进发展需要来看，教育改革与创新已成为一项紧迫的任务。

（三）运用科学的发展观促进教育和人的可持续发展

科学发展观认为，发展必须是可持续的。可持续发展，就是要使教育与社会、经济、文化发展相适应，与人口、资源、环境相协调，坚持走文明发展道路，使一代又一代实现可持续发展。教育的可持续发展应从内涵中挖掘人的潜能，促进人的全面、充分、终身发展，为经济社会发展提供坚实的人力资源支撑。"面对一个高节奏、高科技、高风险、高竞争和高压力的别开生面的 21 世纪，新的知识不断增加，新的专业领域不断扩大。在这一背景下，传统教育不仅要进行改革，还要强调教育创新才能适应这一形势。"教育创新主要有智能教育、创新教育、通才教育、终身教育和管理教育五个方面。

1. 智能教育

多元智能教育理论认为，人的智能分为 8 个方面，即语言智能、音乐智能、数学逻辑智能、空间智能、肢体运动智能、内省智能、人际关系智能和自然观察智能。其理论注重儿童智能的全面发展，通过教育可以发现孩子的优势智能，从而把每一个孩子培养成富有个性的、适合未来社会发展需要的人。因此，在加强基础知识教学的同时，更应当注重对学生优势智能的开发，加强智能教育，使学生凭借一套运用知识的"参照构架"，有效驾驭，灵活运用。教育的真正目的不仅仅是传授知识，更重要的是赋予学生获取知识的能力。培养学生的智力主要是培养学生的自学能力、研究能力、思维能力、表达能力和组织管理能力。这些能力对于知识的生产、传播和使用是必不可少的。我们要采取各种有效措施培养智力，探索各种可能的途径和方法，把培养学生智力放在教育创新的首位。

2. 创新教育

"创新是一个民族进步的灵魂。"民族的创新精神取决于实现人的全面发展。《学会生存》中有一句发人深省的话:"今天的教育面临着一件使人着迷的任务,即发现如何在理智训练与感情抒发之间求得和谐平衡。"英国生物学家赫胥黎的研究给出了这样一个答案:"必须使学生不仅受到最好的科学教育,而且受到最好的艺术教育。"因为科学教育注重并擅长理智训练,艺术教育注重并擅长感情抒发。"科学和艺术是人类文明的两朵并蒂莲,它们共同为促进人类文明的进步与发展这样一个相同的目标,发挥着各自的优势和进行着优势互补。"爱因斯坦、达尔文等人类历史上最伟大的科学家的创造发明经历和谆谆告诫,无不启迪我们,科学与艺术的碰撞点往往是创造性奇迹出现的地方。当代美国艺术心理学家鲁·阿恩海姆认为:"任何思维,尤其是创造性思维,都是通过臆想进行的,这种臆想又是通过知觉选择后生成的,由于艺术欣赏和创造活动作为一种知觉思维活动,能唤起人类的本能的创造性思维,因而艺术教育能有效地培养学生的创造性思维能力。"而一旦我们认识到创造性思维在任何一个人的认识领域里都是知觉思维,艺术教育在普通教育中的地位便显得十分重要。只有实施最好的科学教育与最好的艺术教育,才能真正使学生获得全面和谐发展。初见端倪的知识经济以创新为灵魂,一个国家竞争力的核心是自主创新能力,因而中华民族创新精神的构建,创新思维的培养,创新氛围的形成,必须从基础教育科学研究与实践抓起。

3. 通才教育

科学技术综合化的发展趋势,对教育带来的另一个课题,则是如何处理好培养"通才"与培养"专才"的关系,如何在培养"专才"的同时,注意抓好通才教育。所谓"通才"是指具有某些专业知识而又知识广博、基础扎实的人才。"专"是真才实学,"博"也是真才实学。目前,国外各类学校十分重视通才教育。美国强调培养学生的"适应社会环境"的能力，在重视基础理论的同时，提倡"百科全书式"的教育。法国学者认为高等教育应该培养"既有广阔得多的视野，又有某些新的问题或新的设想，有高度的造诣，不受学科的历史界线束缚的人。"日本教育界从"博才取胜"的事实中得到深刻启示。为了培养通才，我国许多大学在制订教学计划时，强调综合科学的重要性，加强"学际领域"的研究。在课程设置方面，强调文理科的相互渗透和相互交叉，这也是培养通才的有效途径。我国高等教育必须改革现有的高等院校系科结构，在深入调查研究和系统分析的基础上，有计划有步骤地、稳妥地进行学科整合，建立一批具有文科知识和理、工、医、农各学科合理整合的真正意义上的综合性大学。

4. 终身教育

建立健全互通融合的全民终身教育体系，强调要从构建全民终身学习公共服务平台，健全终身教育学习网络，开发终身教育资源，完善终身教育工作机制等方面入手，积极推进不同类型学习成果的互认与衔接，为多元化人才成长开辟又一条通道。21世纪知识经济社会的一个表征是"知识老化周期"变短、产品换代加速，终身教育必然取代终身职业，这是科学技术发展的必然结果。健全终身教育体系，形成"人人皆学、处处能学、时时可学"的学习型社会的发展愿景，为创新终身教育制度，构建完善的终身教育体系，推进学习型城市建设，推进我国终身教育事业在新的历史起点上的科学发展。终身教育可以看作学校教育在时间上以及职能上的延伸，其宗旨是通过不断的教育使人在价值观念、科技知识、工作生活能力等方面，都能适应社会必然要发生的变化，并与之保持同步，以适应社会的变化。"构建灵活开放的终身教育体系"，这是今后我国继续教育改革和发展的战略目标和主要任务。在高等教育体制结构改革中，必须进一步研究和探索在我国现有的条件下，实施终身教育的适当形式。在各类专业人员的终身教育中，高等院校教师的终身教育至关重要，这是因为高等院校是培养专门人才的场所，教师的职责是不断地将最新科学技术成果的信息带给学生，只有高水平的教师，才能"名师出高徒"，教出高水平的学生。

5. 管理教育

我国高等教育改革必须充分重视管理人才的培养和提高。管理教育创新必须从以下四个方面进行探索。第一，在高校布局和结构调整中，创造条件，重点建设、稳步推进现代化管理学院。根据现代管理专业的培养目标，鼓励学生掌握产品设计和生产过程的基本技术知识，掌握生产组织、现代管理和技术经济分析的基本理论和方法，并完成管理工程师的基本培训。第二，要重点在高校举办各种形式的经营管理培训班，培养来自各个单位的学生管理人员。重点是培训中高级管理人员，传授最新的管理经验和管理科学。第三，我们应该改变过去大学只教科学技术，不教企业管理的现象。要把理工科渗透到高校的管理科学教育中，使技术教育和管理教育相辅相成，使大学生既有一定的科技素养，又有一定的管理素养，也具有一定的组织、协调、规划、决策、创新能力和经济核算能力，具有必要的管理水平。第四，面对知识经济的挑战，学校也应加强学生的心理素质教育。心理素质对一个人的成功非常重要。面对竞争，没有人能永远是赢家，相反，失败是经常发生的。理性地面对失败，经受住失败的考验，应该成为现代人必须具备的基本素质之一。

总之，在 21 世纪，面对知识经济的挑战，中国的教育应该改革，调整和制定发展战略的同时，也应该使用和科学发展观的理论创新的教育，包括教育体制、教育结构、教育方法，教育内容、教育时间、教育空间。要加强综合素质教育、创新教育、通才教育、终身教育和管理教育，提高学生的创新精神，使他们在知识经济的大潮中学会学习、学会选择、学会生存、学会发展，并将受教育的时间从学校延长到整个生命。要加快从教育大国向教育强国迈进，就必须对教育战略的发展模式进行比较研究，"立足社会主义初级阶段基本国情，把握教育发展阶段性，坚持以人为本，遵循教育规律，面向社会需求，优化结构布局，提高教育现代化水平"。探索 21 世纪知识经济的本质与特征，以及在对人力资源与人的智能开发的需求方面与农业经济、工业经济的不同之处，深入调查研究，分析知识经济对教育领域的巨大影响，不断探索 21 世纪具有中国特色社会主义教育可持续发展的成功之路。

二、教育服务于经济发展方式转变

教育是经济发展的基础。经济发展方式的转变离不开教育。一个国家要保持经济有活力、持续向上的发展势头，教育必须始终与经济同步发展，走出一条符合经济社会发展需要、符合教育发展规律的道路。

（一）经济发展方式转变，教育改革必须先行

教育是一个与经济和社会发展密切相关的社会子系统，教育的发展从来都不是孤立的。教育最基本的功能是促进经济发展。为经济持续稳定发展提供智力和技术支持，形成适应现代经济发展的观念、态度和行为模式，在国民经济和社会发展中发挥基础性、开拓性和全局性的战略作用。经济发展方式的转变要求教育的改革和发展。

1. 教育是扩大内需的重要拉力

加快转变经济发展方式，从主要依靠投资和出口到依靠消费、投资、出口协调发展，扩大内需，是中国经济发展的基本立足点和长期战略方针。庞大的农村人口决定了中国最大的消费市场在农村。促进农村消费是启动国内消费市场、保持我国经济平稳较快发展、加快转变经济发展方式的重要途径。因此，深化教育改革，促进城乡教育一体化，加大对农村薄弱学校的投入，加快农村薄弱学校转型，是启动国内消费的重要组成部分。通过深化教育改革，促进城乡教育一体化，让所有适龄儿童都能充分享受公

平的教育机会，可以提高未来农村劳动力的科学文化素质，拓宽农村劳动力的就业渠道和就业能力，增加农民收入，这是扩大国内消费的重要拉力。

2. 教育是产业结构优化升级的重要推力

经济结构水平决定了经济竞争力的强弱和发展质量。长期以来，我国产业结构不合理，经济增长过于依赖工业，服务业发展滞后，农业现代化进程缓慢。在国际金融危机时期世界经济新变化的国际市场竞争中，是由第二产业面对国内资源与环境的约束和需求结构升级，以及产业结构的优化升级，依靠第一、第二、第三产业协调引领是抵御国际市场风险能力的必然要求。产业结构的优化升级首先是人才结构的优化升级。三次产业结构调整会改变对劳动力的需求：第二产业的就业岗位会减少，第一产业和第三产业的就业岗位会增加；产业结构升级将极大地增加对技能型和专业化人才的需求。因此，产业结构的优化升级要靠教育来培养和输送适应经济发展需要的劳动者。教育结构优化升级要先于产业结构优化升级，促进产业结构优化升级。

3. 教育是实现自主创新、提高劳动者素质的重要动力

世界经济发展史表明，科技创新、劳动者素质提高、管理创新是推动经济发展方式转变的强大动力，科技是第一生产力。长期以来，中国人均资源拥有率低于世界平均水平，但消费量却远远高于世界平均水平。面对各国争夺科学技术和经济制高点，土地、能源、劳动力成本不断上升等因素，特别是面对老龄化社会的到来，传统的经济发展模式将难以适应。如果不能在技术进步的基础上形成新的竞争优势，不能通过提高劳动力素质和管理水平来提高竞争力，中国经济就难以在生态环境脆弱的基础上持续发展，中国仍将处于国际产业链的中低端。加快转变经济发展方式，从主要依靠增加物质资源消耗转向主要依靠科技进步，提高劳动者素质和管理创新，建设创新型国家，是经济可持续发展的保证。无论是科技创新，工人素质

的提高，还是管理创新，都取决于教育的发展。教育是科技进步、职工素质提高和管理创新的重要动力。

（二）教育服务经济发展方式转变的着力点

为加快经济发展方式的转变，教育的改革发展已刻不容缓，教育必须在"加快"上领先，找准教育改革的着力点。

推进城镇化是转变经济发展方式的重要内容。城镇化不仅是增加基础设施投入的过程，也是农民市民化、农村工业化和居民消费增加的过程。它不仅是城乡共同发展的过程，也是人口素质提高的过程；它不仅是城乡协调发展的过程，也是区域经济协调发展的过程。义务教育均等化是推进城市化的有效途径。第一，义务教育均等化可以提高农村人口向城市迁移的能力。城镇化水平的提高意味着更多的农村人口向城市迁移，而转移的人口需要具备较强的非农劳动力技能，这就要求加快推进义务教育均衡，提高公民平均受教育年限，提高农村劳动力进城就业能力。第二，义务教育均等化可以增强农村人口向小城镇集聚的意愿。"以产业集聚带动人口集聚"已成为推进城镇化的共识。但是，不可否认的是，有不少人移居城镇并不仅仅是为了创业，而是为了给下一代谋求优质的教育资源。在教育日益受到家长重视的今天，优质教育资源的聚集效应甚至远远超过产业的集聚力。因此，义务教育均衡化是推进城镇化不可或缺的重要途径，为了加快小城镇的发展，就必须实现乡镇与县城或大中城市义务教育的均衡发展。第三，义务教育均衡化是农村人口向大中城市转移的必要条件。流动儿童的教育问题是农村人口向大中城市转移的后顾之忧，推进义务教育均衡化，让每一个农村流动儿童与城市孩子享受同等的教育机会可以消除农村人口向城市转移的障碍，加快我国的城镇化进程。

21世纪初，我国政府在一个拥有13亿人口的发展中国家全面推行了免费义务教育，"人人有书读"在全国城乡范围内得到最广泛的实现，但是教育不均衡的情况仍然明显存在，教育经费投入水平、师资配备、教学设施以及教育质量等方面存在较大不足。而且，城乡二元经济结构与城乡二元教育结构相互纠结、相互制约，农村学校、乡镇学校的薄弱与"空心镇""空心村"相互交融，流动儿童就学困难与城市化的缓慢共生共存。因为区域城市化水平的不同，城乡教育的非均衡又成为区域教育非均衡的重要原因，从而导致城乡收入差距、区域收入和教育差距都呈扩大的趋势。

加快转变经济发展方式，必须加快推进义务教育均等化。要注重区域平衡、城乡平衡、校际平衡和人际平衡。注重区域平衡和城乡平衡，就是要把教育资源主要向农村、边远贫困地区和民族地区倾斜，提高乡镇办学水平，加快小城镇建设。重视学校之间的平衡，就是要千方百计办好每一所学校，特别是要尽快提高农村学校的办学质量，提高农村人口的非农就业能力。关注人际平衡的关键是关注留守儿童和流动儿童的教育，从而缓解农村人口向城市流动的担忧。

（三）教育服务经济发展方式转变的制度保障

推进服务经济发展方式转变的教育改革，是这个时代赋予教育的重要命题、发展课题。教育必须紧紧抓住机遇，营造有利的制度环境，肩负起历史的使命。

1. 加大财政投入的力度和效率，发挥政府"有形之手"的作用

财政教育投入的不足和不均衡是教育不均衡、发展受阻的重要影响因素。增加国家财政对教育的投入，提高教育经费的使用效益。在教育经费的分配上，要注重资金的平衡分配，进一步完善中央、省级政府对地方义务教育财政转移支付制度；教育经费向经济不发达地区、革命老区、民族地区和农村薄弱学校倾斜，推进薄弱学校改造。进一步提高义务教育投入标准、教师工资标准和区域办学标准。建立健全各级各类教育经费使用效益评价体系，加强教育质量评价，完善高校科研经费使用创新和质量导向评价机制。

2. 完善教师队伍建设制度，发挥教师"引领之手"的作用

教师是学生成长的引领者，"没有一流的教师就没有一流的教育"。加强教师队伍建设，要完善教师入职的资格标准，严格教师资质管理；完善教师培训制度，把农村教师和薄弱学校教师的培训和提升作为培训的重点；完善城乡教师交流制度，提高区域内城乡教师和校长交流的实效，交流的对象必须是骨干教师和优秀校长，充分发挥交流中教师的带头和辐射作用；完善高校导师和授课教师选聘制度，选拔高水平的专家学者担任高校导师或授课教师，聘请海外学者主持或参与教学；加强师德建设，增强教师的责任感和使命感；完善教师评价制度，改变对教师的单一评价为综合评价，促进教师的专业化成长。

3. 理顺利益机制，发挥市场"无形之手"的作用

教育是一种准公共产品，涉及全体公民的切身利益，不能简单地按照市场经济的原则进行发展。然而，在市场经济条件下，教师和学生都不可能不受市场机制的影响。积极的利益导向可以促进良好教育行为和教育结构的形成。提高教育为转变经济发展方式服务的能力，必须理顺相应的利益机制，发挥市场这只"看不见的手"的作用。要提高高校自主创新能力，必须突破科研领域的制度性障碍，允许高校、科研院所、企业按照市场原则共享科技教育资源。要吸引优秀人才长期从事教育工作，就必须改善教师待遇，提高教师的政治地位和社会地位，维护教师的权益，使教师职业受到大家的尊重和青睐。为吸引优秀人才投身基础教育事业，必须尽快实行统一的小学教师岗位系列，设立高级教师岗位。条件成熟时，可以考虑与高校整合。为吸引优秀人才投身农村和边远地区教育事业，要考虑给予农村和边远地区教师生活补贴和交通补贴，并在职称评定和就业方面以及在绩效评估和晋升方面给予优惠。提高职业教育对全社会的吸引力，必须提高技能人才的社会地位和待遇，加大对有突出贡献的高技能人才表彰奖

励力度。要提高职业教育的吸引力，必须通过构建中等职业教育与高等职业教育和谐发展的职业教育体系，拓宽职业学校毕业生的可持续发展空间，建立人才后续发展的"立交桥"。

三、推行校长职级制

《国家中长期教育改革和发展规划纲要（2010—2020 年）》指出："制定校长任职标准，促进校长专业化，提高校长管理水平，推行校长职级制。"现行的小学校长聘任制阻碍了校长的专业成长。确立校长职务标准，促进校长职业化，提高校长管理水平，实行校长职级制度，是小学教育管理体制改革的必然趋势。推行校长职级制度，构建良好的校长职级系列，将有效促进校长职业化，帮助校长步入专业发展的轨道，为教育者的办学奠定坚实的基础。

（一）专业化是推行校长职级制的核心

1. 专业化是校长发展的客观要求

从社会分工和职业分类的角度来看，职业是人们赖以生存的社会分工，是一种谋生的工作。专业是专业分化和发展的结果，它是指一群人通过特殊的教育或培训，具有更先进和独特的特长和技术，按照一定的标准进行专业活动，从而解决生活和社会问题，促进社会进步，获得相应的职业报酬和社会地位。专业是职业发展的结果，高于职业，职业是专业发展的载体。说到专业化，必须以某种职业为载体。没有职业，就没有专业发展。对于校长算不算职业，人们存在分歧。中国社会科学院曾进行"21 世纪中国职业声望与市民价值取向"的社会调查。在所调查的 69 个社会职业中，教育类只有大学教授、公立中小学教师、私立学校教师三种职业，没有把校长列为职业。在《中华人民共和国职业分类大典》中，小学校长被列为独立职业。如果从生活来源看，校长拿的是教师职称的薪酬，因此认为校长的职业是教师，如果从工作性质来看，校长是一种教育教学管理的独立岗位，则是一个不争的事实。校长的角色是领导者、管理者（不同于教师）、教育者（不同于行政干部）。既然校长的工作既不同于行政干部，也不同于教师，它就应该是一个独立的职业。从校长职业定位的分歧来看，校长虽称得上是职业，但还不是纯粹的职业。正因为校长还不是纯粹的职业，因而要大力提高校长的专业能力，从而使校长的职业特征更加明晰。专业化是校长发展的客观要求。

2. 校长专业化的内涵

综合国内外一些研究成果，可将校长专业化内涵的主要特征概括为以下七个方面：长期的专业训练；完善的知识体系；系统的伦理规范；严格的资格限制；具有专业上的自主性；较高的社会声誉和经济地位；具有发展成熟的专业组织。对照现有校长生存环境和工作状态，我国校长与国际上通行的专业化还有不少差距。我国政府对小学校长任职资格也有规定，《全国中小学校长任职条件和岗位要求（试行）》规定："中小学校长应当分别具有中学一级、小学高级以上的教师职务，都应有从事相当年限的教育教学工作的经历。"但是，一些地区没有任何教龄和职称的政府机关干部被任命为小学校长的现象却时有发生。此外，我国小学校长的社会声誉和经济地位还不高。校长专业化的内涵，指明了校长专业化发展的目标与方向，让校长专业化建设有了学理上的依据，有助于校长在专业化发展的道路上健康成长。

3. 校长的专业结构

校长的专业结构包括以下五个方面：专业精神，包括对事业孜孜不倦的追求、顽强拼搏的意志、不断创新的新理念；专业概念，包括学校管理、教师、学生、教学等；专业知识和能力，包括组织管理、学校发展规划、整体分析、公共传播、规划决策、课程领导等。职业道德，包括职业道德、行为准则、校长的职业态度和动机；自我专业发展意识，包括对过去专业发展过程的意识，对专业发展现状和水平的意识，以及对未来专业发展规划的意识。

4. 校长专业化发展为推行职级制奠定了基础

随着校长对专业化认识的加深，校长的作用明确了：领导、管理者、教育者。这已经成为学术界的共识，说明校长不同于行政干部，也不同于一般教师，校长有自己的专业领域，校长有自己的专业内涵，有自己的专业结构。校长的专业发展得到了广大校长的认可，学术界的理论研究也转向了自身的实践活动。校长的教育思想和办学理念开始由追求入学率向坚持以人为本、以师生发展为根本转变。在思维方式上，从注重细节倾向于宏观战略思维和系统思维；在意志和品质上，他从依靠上级、被动做事转变为主动做事，敢于应对压力和挑战，对既定目标坚持不懈地追求；在关系标准上，从服从上级命令到自上而下的控制和指挥，再到注重相互理解，加强相互沟通，构建和谐合作的人际关系。校长专业化的理论探索与校长实践相一致，为职级制度的实施奠定了基础。如果校长仍然听从教育主管部门的安排，按部就班地管理学校，缺乏对专业发展的认识和追求，那么校长职级制度就会缺乏晋升的依据。因此，职业化是实施校长职级制度的核心。

（二）推行校长职级制是小学校长管理体制改革的必然选择

在计划经济时代，由于缺乏正确理解专业化的校长，校长被当作行政职务，任命以同样的方式作为管理员，在学校管理上不仅暴露了各种各样的缺点，也阻碍了职业发展的主体。其表现为：（1）聘任制使校长在办学中丧失了精神；（2）任用制度使部分校长产生不正之风；（3）聘任制使不懂教育的人成为学校管理者；（4）聘任制使校长具有强烈的官本位意识；（5）聘任制阻碍了教育的均衡发展。

（三）职级制是校长专业成长的自身诉求

推行校长职级制，为校长的专业成长铺开了一条通途，校长职级制不仅有利于教育事业的改革与发展，也是校长专业成长的自身诉求。

1. 只有推行校长职级制，才能有效提高校长的组织管理能力

在校长任命制的管理机制下，校长逐渐变得依赖上级的思维惯性，任何工作都必须由上级安排，学校管理失去了精神性，更不用说创新了。学校管理的依附性或惰性，一方面表明校长对上级行政管理模式的完全接受；另一方面这种管理模式被传递到学校的所有管理部门。不仅削弱了校长的组织管理能力，也削弱了学校各个行政部门的组织管理能力，行政管理已经渗透到学校管理的各个方面。在基础教育方面，学校越标准越片面，因为标准学校是以固化的规模来衡量的。标准学校的校长地位比较高，对他的地位和待遇比较重视。他惯于循规蹈矩，不敢越界，更谈不上改革创新。在一些普通学校，甚至农村学校，校长甚至是不合格的部门级别，因为他的职位低。因此校长敢于探索，敢于实践，打造特色鲜明的品牌。推行职级制度，形成危机感，让校长走出标准学校和重点学校的障碍，有助于校长在职级制度评价中体验自我价值，增加内部发展动力，形成精神动力。通过大胆的实践和探索，提高组织管理能力，促进专业发展。

2. 推行校长职级制，提高校长规划学校发展的能力

聘任制下的校长由于职位是由上级行政部门任命的，容易依赖上级，随着职位的变动会随时离开学校，缺乏规划学校发展的动力。如果一个学校的模式和规模，甚至课程和校园布局都由政府来规范，那么就很难避免"千校同校"的现象。校长不需要为学校制定发展规划，学校就会失去发展愿景，品牌特色也不会形成，因为学校的品牌和特色需要校长来规划和实施，

政府没有精力和能力去规划每个学校的发展路径和独特的品牌。政府只能为每千所学校规划一所学校，政府需要为每一所学校规划一所学校。《国家中长期教育改革和发展规划纲要（2010—2020年）》指出："推进政校分开、管办分离，适应中国国情和时代要求，建设依法办学、自主管理、民主监督、社会参与的现代学校制度，构建政府、学校、社会之间新型关系。适应国家行政管理体制改革要求，明确政府管理的权限和职责，明确各级各类学校办学的权利和责任，形成不同办学模式，避免千校一面。"显然，推行校长职级制，有助于让校长从政府的怀抱中挣脱出来，放开手脚，自主成长，独立规划学校的发展，在不断实践中提高规划发展能力。

3. 推行校长职级制，提高校长对课程与课堂教学的领导能力

教育专家认为，校长的能力有很多，其中课程和课堂教学领导能力是校长的核心能力。任命制使校长把大部分精力都花在与上级部门的沟通上，校长与教育教学工作渐行渐远。人们可能会对校长在课堂上的表现是否一致存在分歧，但作为一名教育工作者，校长应该走出教室，为自己创造名声。校长只有经常深入听课，才能真正了解学校的教育教学情况。课堂是实施素质教育的主体位置，没有进入主体位置，我们怎么能判断自己的学校是在实施素质教育呢？如果校长长时间离开教室，成为社会活动家，那么课程和课堂领导力从何而来？贯彻校长职级制，帮助校长回到课堂，解决教育教学中存在的问题，与师生一起把握学校教育教学发展的时刻，引领学校的课程建设和教学改革方向，完善领导课程和课堂教学，提高核心竞争力，为成为校长型教育工作者奠定坚实基础。

4. 推行校长职级制有助于使校长成为教育家

校长是"官"，但不是一般的"官"；校长是教师，但不是一般的教师。任命制让校长有了行政级别，校长也有了官样；校长是教师，所以校长也评职称。校长是"官员"，就按行政的方法管理学校；校长是教师，就按教

师的能力要求自己，反而淡忘了自己的身份，模糊了自身能力建设。实际上，校长与教师的工作责任不同，能力要求也不同。教师主要是教书育人，对象是学生；校长主要是管理育人，对象是教师和学生。从能力的角度来看，教师需要具备教材分析能力、教学表达能力、课堂组织控制能力、观察学生能力、班级管理能力。校长的主要能力是组织管理能力、规划决策能力、协调沟通能力、课程领导能力。校长和教师有不同的能力要求，所以他们应该有自己的专业能力。好老师未必就能成为好校长。单一系列的教师职称混淆了校长与普通教师，校长与教师竞争评高级教师和特聘教师，反映了校长缺乏专业成长渠道。目前，许多通过一年级考试的校长都拥有特级教师的职称。由于高专教师人数少，出现了校长与教师竞争的现象，导致了校长与教师之间的矛盾。教师认为，在校长长时间不上课，教学能力明显低于优秀教师的情况下，校长参与评级是不公平的。校长认为，一年级校长不担任特级教师会降低社会影响力，从而影响学校的声誉。校长职级制度的建立可以使校长退出教师职称系列，遵循自己的职级制度，使校长向专业化方向发展。只有实现专业化，校长才能成为教育者，教育者办学才能成为现实。可以说，等级制度为校长成长为教育者开辟了道路。

（四）校长职级制的构建

1. 构建校长职级制度

（1）厘清职级制对象

目前，我国小学领导班子的组成主要是一名校长和两名副校长。在全日制校长中实行校长职级制较为合适。校长是学校的法定代表人。他是学校真正的领导者、管理者、组织者和负责人。他的工作重点是管理而不是教学。学校的副校长只是校长的助手，帮助校长负责某项工作，但校长还是有责任的。因此，几乎绝大多数副校长都处于教学的第一线。副校长的工作仍然集中在教学上，只是管理辅助人员，而不是专职管理人员。此外，副校长大多是从优秀教师中提拔出来的，而优秀教师是学校的教学骨干，副校长的角色更倾向于教师。从国外学校管理体制来看，校长是专职管理者，副校长只是助理。

（2）确定职级的系列

根据管理对象的不同，校长分为小学、初中、高中三个系列，并在三个系列内划分年级。校长的职级应当与教师的职称相近。它可设置为特殊、高级、中级和初级四个等级之差。为了细化校长的管理，减少频繁的考核任用，在该级别设立了一级、二级班级。超级成绩不被评分。该级别以内的职级不需要考核录用，只需要在任职期间考核合格即可自动晋升等；晋升必须通过严格的考核任用，控制职位数量，控制教师职称。

（3）评聘方法

推行党首职衔制度是一项全新的工作，具有很强的政策意涵和广泛影响。在任校长的首次评估和任命与教师职称的转移评估类似。例如，具有高级教师职称的校长可以直接向高级校长汇报，具有中级教师职称的校长可以直接向中级校长汇报。日后，我们会根据服务年资、学校表现及个人成就，评估及任命晋升。新聘任的校长可根据担任副校长的年限、教师的职称水平和所在学校的规模，申请高级、中级、初级职务，但需经过严格的评估确定。

（4）职级待遇与使用

校长的级别待遇应略高于教师的职称待遇。校长职级制度实行后，校长只能领取职级制度的工资，而不能领取职称工资。但是，大多数校长过去都有较高的教师职称，所以要防止校长职称工资低于教师职称工资的现象，因为校长比教师付出更多的工作，承担更多的责任。例如，在英国，校长的工资是教师的两倍多。实行校长职级制后，校长的职级不随学校的规模而改变，有利于教育的平衡，因为薄弱的学校更需要优秀的校长。

2.建立校长职级培训体系

现有的校长培训首先分为资格培训和提高培训两大类，然后按学校类别分为小学、初中、高中三个层次。为了使培训更有针对性，一些地方对副校长按各自的工作开展岗位培训，如教学、后勤、德育培训等，而对专职校长的培训则集中在一起。

为促进校长的专业发展，在推行校长职级制度后，应建立基于职级制度的校长培训制度。要把校长资格培训的门槛往前推，在校长就职前进行资格培训，这是校长就职的必要条件。在职副校长的改进培训仍然可以根据各自的工作开展岗位培训，培训的主要立足点是让副校长熟悉各自的工作，学习各自的工作，成为各自工作的专家。对初级校长的培训应按职级划分，而对初级校长的培训应以如何成为合格的校长为重点。中级校长培训的重点是如何办好特色学校；高级校长的培训注重学校品牌的塑造；超级校长的培训重点是学习名作，交流教育经验，提炼个人教育思想，为成为教育工作者和校长奠定基础。

建立校长分级培训制度是促进校长成长的重要途径。随着职级制度的建立，职级培训应运而生。以往每五年为全日制校长提供的岗位培训，已不能满足校长成长的需要。职级培训制度符合校长专业成长的规律，将有效促进校长的专业成长。

四、特色学校建设瓶颈的突破

随着教育改革的不断深入和素质教育的全面推进，办出特色已经成为小学改革与发展的必然选择。很多学校都在想方设法发展各自的特色，这对于改变"千校一面"的局面、拓宽学校发展的思路、促进学校创新发展和帮助学生进步都有很大的作用。但在现实中，一些学校的具体做法往往陷入种种误区，导致特色学校建设步入发展瓶颈。发展的持续性是特色学校建设的诉求，如何进一步推进特色学校建设，需要我们再对"特色学校"这个"老话题"深入地研究探讨。

（一）突破认识瓶颈，推进科学建设

思想是行动的先导。一个学校要办出自己的特色，必须要有自己的"特色办学思想"指导其行为，才能找准学校改革富有特色的主题，确保特色沿着正确方向前进。认识上提高后，学校对特色学校建设的信心和动力就会更足，特色学校建设才会有一个良好的开端。目前，一些学校甚至在有偏差或误解的过程中创造的特点，为了区别特征等特点，重视材料质量而忽视精神，盲目地跟随趋势，和本地化特色建设等。其原因往往受到认知层次的制约，对矛盾的普遍性与特殊性的内在关系认识不充分。因此，要推进特色学校建设，首先要从思想和认知层面明确和把握以下四个关系。

1. 目的与过程统一

建设特色学校的目的，不是为了特色而特色，而是为了推进素质教育，为了更好地育人。然而，一些学校把特色建设始终定位在一些可以看得见的结果上，如"排几出节目，获几次大奖，出几个苗子"等，仅通过开展一些活动、造一些声势，把这些活动或人员精心打造成支撑特色学校的"门面"，特色学校就建好了。这有悖学校特色化的本意。

特色学校的建设是一个艰苦奋斗的过程，不是找一条捷径就能轻易建成的。在这个过程中，学校的办学理念和理念要贯彻到学校的各项工作中，并转化为全体成员的自觉行动。在相当长的一段时间内，教师和学生才能完成对特色文化的识别、适应、放大和欣赏，才有可能逐渐成为特色文化。尽管我们不想否认专业培训、兴趣活动和示范功能，但我们不能带的东西都是免费的从正常的学校教育和教学，显示的属性和性能的形成标志着学校的特色建设。追求特色，但不急功近利；创造个性，但不要神秘化。

2. 个性与全面和谐

培养学生的个性特长是学生全面发展的基础，促进学生个性特长发展与全面和谐发展的统一是特色学校建设的本质追求。这个目标与素质教育的目标是完全一致的。它注重学生的全面性，注重学生的全面、多元化、终身发展，允许不同地方的学生发展，注重学生的均衡和个性发展。

在特色学校创建过程中，所有学生应是特色教育的最大受益者，而不是以牺牲另一部分学生的全面发展为代价。同时，既突出"每一个学生"又强调"五育"，不以损害其他学科的学习为代价，人为地造成学生片面发展。当然，这并不意味着让学生平均发展，把学生都塑造成一模一样的人。因此，小学一方面要根据每个学生不同的兴趣、爱好和特长，对他们进行德、智、体、美、劳的教育；另一方面也要使每个学生不同的兴趣、爱好和特长都得到最充分的发展。

3. 传承与创新并重

特色学校的建设不能也不能脱离学校过去的历史，而应该在继承历史创新的基础上建设。特色学校建设是一个不断传承、完善、创新的过程。历史积累的来源是建设特色学校，每个学校必须仔细检查自己的历史资源和文化积累的施工特点，以今天的视野重新发现历史的生命力和价值，所以自然和有机现代历史。

同时，创建特色学校是一项创新工作，我们要勇于创新，以科学的态度，注重发现、引导和培养个性和品位的要素。学校在特色创造的过程中，要实现立足学校的创新与发展，不仅要打破常规，还要注重长远效果。从学校现状和实际出发，评价现状，积极探索自身内涵发展之路，努力打造有特色的名牌。

4. 硬件和软件一致

硬件是指学校的设施和装饰，软件是指学校的管理和教学人员。硬件建设是学校发展的基础，对学校的发展至关重要。特色学校建设是一种内涵发展，但如果没有一定的物质基础，发展就会受到很大的影响。同时，学校的物质文化有时也是精神文化的有效载体。

特色学校更多地依赖于软件、教育和教学本身。软件是指管理人员和教学人员，具体为校本课程体系和独特的学校管理体系，明显优于同类学校的特色项目。同时，它是一种凝聚在每一个学校成员身上的精神品质，是一种对事业的认同感和归属感，是一种内化的独特的办学思想和办学理念。只要有了钱，再好的环境都可以建设，但学校软实力的建设，文化的培育，真正建成特色学校，则需要一个长期的发展和积累过程。

（二）突破机制瓶颈，保障持续发展

特色学校建设是一项综合性的工程，完善这一工程的基本体系要有系列的制度做保证。人们常说"没有规矩，不成方圆"。而我们不少特色学校的建设恰恰还处于无规划、无制度的初级阶段，使得特色学校建设沦为零敲碎打的应时、应景之作。机制瓶颈的突破，教育行政部门、教研机构、学校三方要有效结合，共同制定出特色学校建设的各类规章制度，确保特色创建工作健康开展。当前尤应抓好以下工作。

1. 建立特色建设管理机制

特色学校建设需要严格、科学的管理。学校的组织保障是实施特色教育工作、实现特色教育价值的关键。学校作为特色建设的主体，应将特色建设纳入重要工作日程，进一步加强学校特色建设的过程管理，形成并逐步完善特色建设管理体系。学校管理者应该系统分析学校发展的历史传统，深入挖掘学校资源，建立学校特色办学目标和科学规划学校特色发展道路

指导下的办学理念，以促进科学、学校特色建设持续稳定发展。学校应当建立相应健全的组织机构。例如，建立特色教育领导小组，进行宏观管理。教务处、德育处实行宏观管理，微观管理具体到个人。培养有特色的教学团队，明确相关人员的职责；完善特色创作工作制度，包括策划总结制度、过程指导监督制度、评价反馈制度、阶段性成果展示制度、加强过程管理、及时规范创作工作等。

2. 构建多层次的保障机制

特色学校的建设需要政策、资金和人力的保障，这主要是因为学校和教育行政部门要高度重视特色意识。同时，特色学校的形成和发展也离不开社会环境和组织环境，需要一定的氛围来推动。这就需要教研、培训部门重视开展丰富的科研活动，搭建多层次的交流和学习平台，设立专题论坛等是开展学术交流活动的良好形式。学术交流活动往往具有很强的引导作用，为特色学校建设提供了一个科研交流平台，可以为特色学校建设创造良好的外部条件。在信息时代，信息平台的重要性不容忽视。必须充分发挥和利用信息交换与资源共享的优势，在网络条件下构建特色学校的网络联盟，建立及时、快速沟通平台特色学校和其他学校和老师不受到时间和空间的限制，不断为特色学校建设提供丰富资源。

（三）突破培训瓶颈，促进理念提升

创建特色学校，需要有一支素质优良、个性鲜明的骨干教师队伍和有特色的校长。在建设特色学校的过程中，还要努力造就一批区域性的教师和校长。校长专业化与教师专业化离不开相应的培训。然而，在我国现行的教育体制中，专门的培训并不多。可以说，人才培养不足已成为影响特色学校建设进一步发展的重要因素。干部培训和教师培训要建立特色培养指标体系，采取适当有效的措施提高教育工作者素质，为特色学校建设奠定坚实基础。

1. 加强校长培训，提升特色教育理念

一个有独特办学理念的校长，是形成一所有特色的学校的基础。学校特色建设要求校长具有较高的学术认同和学术地位，是教育专家，不仅是教育理论家，而且是教育实践者和专家校长。学校的办学特色实际上是校长个性化办学思想的体现。校长应该有正确的教育思想，利用学校的优势，形成自己独特的观点，形成自己的教育信念。只有这样，才能形成学校的办学特色。在现行的管理体制下，校长的个性直接决定着学校的性质。如果校长没有特色意识，又缺乏特色学校建设的战略领导理念和科学管理实践能力，特色学校建设就只能是一句空话。因此，可以说，开展校长培训提高现代教育理念是学校特色理念形成的前提。

2. 加强教学研究培训，孵化教师特长风格

培养优秀的专业教师是特色学校形成的关键。教师是学校教育教学的基本力量。具有良好政治业务素质的教师是全面育人、提高教育教学质量的关键，是办特色学校的力量源泉和重要保障。特色建设要靠特色教师来实现。要形成办学特色，必须有一支高素质的教师队伍。教师是学校的主体，是学校特色建设的主力军。学校特色的形成和学校对社会的影响，往往是在特色教师的努力下形成的。因此，学校要走特色发展之路，就必须有丰富的专业教师队伍。这就要求教师培训部门根据学校自身特点，开展全方位、多角度、实质性的教研培训、指导工作。

3. 加强教育行政人员培训，形成特色建设外围环境

在我国现行教育管理体制下，各级教育管理人员对学校乃至整个教育事业的发展仍起着举足轻重的作用。一方面，只有各级行政人员解放思想，改变工作作风，有效地改变他们的管理功能，减少干预具体学校的办学行为，同时，加强基金投资的政策规范并提高强度，特色学校建设才有保障。

另一方面，各级教育管理人员只有深入了解特色，才能正确引导和监督特色学校建设，把特色学校建设引向更深层次。因此，应尽快将教育管理人员的培养纳入教育培训体系。

第三节　基础教育质量管理的改进

改革开放以来，我国基础教育迅速发展，规模得到扩大，义务教育基本普及，教育质量得到提高。但是，与世界上一些基础教育比较先进的国家相比，中国的基础教育还有一定的距离，还有很多地方可以进一步提高。

一、基础教育质量管理的现状

我国基础教育质量究竟怎样？这一定是一个仁者见仁，智者见智的问题。从不同的角度可能得出完全不同的结论。主要有两种不同的观点。一种是乐观派的"提高论"，认为我国基础教育的质量在不断提高，表现在一方面为高一级学校不断地输送数量多、质量高的学生，另一方面为社会培养了大批素质高的劳动者，为此，提供了三类主要证据：一是可以用学生牢固掌握的基础知识和基本技能作为证据；二是可以用我国选手在各科奥林匹克竞赛中所获得的优异成绩作为证据；三是用高考升学率和中考升学率作为证据。另一种是悲观派的"下降论"，认为基础教育的质量不但没有提高，而且在不断地下降，由于受到不良社会风气、教育经费不足、教师队伍不稳定、教师敬业精神和职业道德水平下降等多种因素的影响，致使教育质量不断下降，学生综合素质下滑，特别是独生子女的普遍化，知识、能力、品德和人格不协调的情况比比皆是。我们认为，虽然这两种观点都有一定的事实作为依据，也有一定的道理，但是，各自也都有一定的片面性。事实上，基础教育质量是一个复杂的范畴，特别是针对我国发展不平衡的实际情况，很难全面、具体、深入地描述其特征，不过，如果从总体上看，倒是可以用两句话来加以粗略概括，即质量有所提高、质量水平不一。具体分述如下。

（一）基础教育质量有所提高

国际上通常使用三类指标来衡量一个国家或者地区的基础教育发展水平。首先，从学生方面来看，可以用入学率、毕业率、辍学率、在校率等；其次，从教育机构提供的学习条件或设施来看，如班级规模大小、学校任课教师的资格和水平、教学设备、校舍情况等；最后，学生入学的便捷性。实际上，这三组指标其实可以区分为两类：一是教育质量；二是教育条件。前者直接反映基础教育的发展水平，而后者是间接体现基础教育发展水平。但是，我们认为，基础教育的质量包括了教育产品的质量，也包括了教育条件和教育管理的质量。因此，我国基础教育质量有所提高，主要可以用三个指标来说明。

一是教育投资有所增加，办学条件有所改善。

二是各级学校入学率有所提高，结构有所优化。

三是开展教育改革，提高教师素质。

（二）基础教育质量水平不一

基础教育的质量在以下几个方面有所不同。

第一，地区差异。中国不同地区的基础教育质量差别很大。由于经济发展水平与教育历史传统的差距，各地在教育投入、办学条件、师资水平等方面存在差异。在这些因素的共同作用下，教育质量存在差异。总体上，自东向西呈下降趋势。但在同一地区，各地之间存在着质量差异。例如，一个省的不同地区之间也有差异。经济发达地区的基础教育质量基本上较好，而经济不发达地区的基础教育质量则相对较差。但也有相反的例子。区域差异存在的原因是多方面的。经济发展水平和教育基础是两个基本方面，但更多的是与地方政府对基础教育的重视程度有关。

第二，城乡差异。我国城乡基础教育质量存在明显差异。总体而言，城镇的办学条件、师资水平和基础教育质量都要优于农村，大城市的基础教育质量总体要优于小城市。

城乡基础教育质量差距的存在将对我国基础教育的发展和社会的发展产生三个严重的不良后果。

一是基础教育的重要目标难以达成，农村义务教育的质量得不到保证。

二是导致就业差别和社会阶层差距的进一步扩大，影响"三农"问题的解决周期。

三是导致文化素质较差的农民无序流动，进城务工而没有及时找到工作的农民在城市集结，形成"盲流"，影响城市的稳定和发展。

第三，校际差异。在同一行政区域内也存在着学校和学校之间的教育质量差异，优质教育资源分布不均衡，不能满足学生家长对教育的需求。

在城市的基础教育中，学校与学校之间发展水平差异也很大，优质教育资源分布不合理，导致了择校现象愈演愈烈。择校现象一方面可以产生竞争，但是，另一方面也会对那些办学水平暂时落后的学校产生不良影响，将严重阻碍一个地区基础教育的整体质量提高，也损害了大多数家长和受教育者的切身利益。

第四，班级与个体差异。同一学校中，好的班级和好的学生，与较差的班级和较差的学生之间，质量差异也很大。

受应试教育理念和吸引高素质学生提高竞争力的影响，一些学校仍然采用快慢班的方法。学校集中优秀教师，加强对尖子班的教育，以确保他们在考试中取得成功。普通班级的教师水平则很差。这样一来，一方面会造成尖子班学生课业负担过重，另一方面也会对大部分普通班学生产生不良影响，使他们失去斗志和成功的行为，影响学校的整体素质。

二、基础教育质量管理的改进

基础教育质量管理的改进是一个复杂的系统工程。各个地方面临的问题不同，因此，改进基础教育质量管理的政策与策略也有所差异。

（一）更新教育质量观念

继续教育质量的概念是改变传统的教育质量的概念，我们已经习惯了很长一段时间，但这是与基础教育的质量在现在和未来社会根据时代发展的要求，树立新的基础教育质量观，以适应社会的发展。

树立新的基础教育质量观，就是要树立以培养公民基本素质为核心的教育质量观。也就是说，要从基础教育的根本任务出发，充分认识到基础教育的主要目标是为提高公民的基本素质打下坚实的基础。公民的基本素质是指社会中，每一个公民、科学家、大学教授、律师、政府官员和工农兵、个体商人等，应该具备的最基本的道德修养、文化知识、生活技能、身体素质等素质，这些素质广泛而普遍，适合所有公民。我们应该清楚地认识到，今天的小学生是我们未来社会的建设者。几年之后，他们将不可避免地进入社会，承担不同的社会责任。他们的基本素质如何直接决定了公民的整体素质。

因此，首先，基础教育必须着眼于全面提高未来公民的基本素质。整体质量的提高公民基本素质至少包括两层含义。第一，每个公民必须改善的质量，不是几个或大部分的人，因为只有所有公民的素质提高了，国家才能真正发展，社会才能真正进步。第二，提高公民的整体素质，而不是提高公民的一个或多个方面的素质。

其次，应建立基础教育的质量观，以适应时代的发展。今天的社会是一个不断变化的状态。在变革的过程中，机遇总是与挑战并存。只有能够瞄准时代、跟上时代、适应时代、善于驾驭时代的人才能成为时代的中流砥柱。因此，基础教育的质量应该体现在我们培养的人才是顺应和促进时代发展的人，还是时代的落伍者和绊脚石。只有在他们接受教育的过程中，才能使他们养成关注时代的习惯，培养他们的社会适应能力，从而更好地选择和控制生活。这就是人们想要的教育质量。

最后，要树立基础教育国际化与本土化、统一与多样化的质量观。一方面，我们正处在一个全球化的时代，国家之间、国家之间的互动和影响日益明显。但另一方面，中国的区域发展并不均衡，而且又是一个多民族国家，不同的地方有不同的教育基础，每个民族都有自己独特的教育传统。同时，城乡差异的存在也需要进一步提高教育的适应性和针对性，使基础教育与区域经济、社会、文化发展互动。这就要求一方面要贯彻国家统一的质量要求，另一方面要结合各地的实际情况，把质量教育工作落实到实践中。因此，必须树立国际化与本土化、统一与多样化相结合的基础教育质量观。

（二）完善教育质量标准

建立和完善我国基础教育质量标准是提高我国基础教育质量管理的重点。教育质量能否提高，取决于是否有一个科学可行的教育质量标准。

在新课程标准的基础上，逐步制定小学教育质量评价标准的课程质量评价标准和实施细则，以确保教育质量管理、评价、认证和监督工作得到法律法规的遵循。通过建立和完善基础教育质量标准来指导学校的教育教学工作，确保基础教育的整体质量能够不断提高。

（三）加强教育质量控制

要注意建立和健全学校的质量保证体系，强化学校的教育质量管理责任制的落实，以确保学校教育质量工作能够不断改进，教育质量能够逐步提高。此外，还必须充分发挥国家质量技术监督部门、社会中介组织、其他社会组织和学生家长在教育质量管理中的重要监督作用，通过教育质量认证、教育质量监督工作来加强对基础教育质量的控制。

（四）提高教育质量水平

基础教育质量的改进归根结底要落实到教育质量水平的提高上。如果教育质量的水平不能得到提高，一切管理措施都变得毫无意义。

在如何提高基础教育质量的问题上，国内外有不少经验可以借鉴和推广。从国内来看，一些地方采取了"拓展优质教育资源，带动落后教育资源"的办法来提高基础教育的整体质量；另外一些地方通过"强化教育教学研究，推动教育教学改革"的策略来提高教育质量；还有一些地方则通过"调整教育布局，重组教育资源"的措施来达到提高教育质量的目的；也有一些地方是通过重视教师的继续教育，优化教师队伍结构，提高教师队伍的整体素质来提升本地的基础教育质量等。

第四节　基础教育质量文化建设

一、质量文化的含义和特征

（一）质量文化的含义

学者们对质量文化做了不同的概念界定。弗兰克·格里纳指出："质量文化就是人们与质量相关的习惯、信念、价值观和行为模式。"文化与人们的内心世界相关。

文化既是过程也是结果。这是一个人不断追求自己的自由和意识的本质过程，也是在这个过程中达到的广度和深度。教育质量文化是教育质量观念不断更新，对质量的追求在自我提高的过程中不断深化的过程，以及在这一过程中所取得的成果。

质量文化是组织文化，是成员对其组织氛围的认可。它包括人们的价值观和信仰，思维方式和应对环境的方式。组织文化包含六个基本要素。①遵守的礼节。当组织成员相互作用时，他们用同样的语言和术语表达看法，并遵守礼仪和礼节。②规范。工作中的行为规范直接或间接地影响人们的行为。③居于支配地位的价值观。一个组织支持并期望它的成员分享该组织的主要价值观。在学校中，值得称道的价值观包括师生的高水平表现、低缺席率、低退学率和高效率、高效益。④观念。组织中存在如何对待内部人员和外部客户的基本看法。⑤规则。在组织中存在基本的处事方式及需要贯彻执行的指导方针。⑥感情。这是在组织的发展过程中，在成员交往方式中表现出来的总体气氛。

在学校里，人们通过他们的行为和思维方式形成一种文化，这反过来又影响了他们的行为和思维方式。学校文化包括习惯、信仰、价值观和行为模式。

素质文化是学校文化的重要组成部分。质量文化可以分为积极的质量文化和消极的质量文化。积极的质素文化是指教师和职员努力工作，以满足学生的需要。消极的质量文化专注于掩盖缺陷。

（二）质量文化特征

质量文化具有以下四个基本特征。

第一，质量文化是动态的。质量文化是一个不断变化和发展的过程。所有的组织都有自己的文化，有自己的文化素质，但是这种文化是强与弱、和谐与不和谐的。学校组织也不例外。学校组织文化规定了学校组织的主要走向，它规定了一套组织行使权力必须遵循的行为规范。学校组织文化可以约束和促进组织的发展和有效性。当学校组织文化非常强大和和谐的时候，组织就会处于一个快速发展的时期。

第二，质量文化建设是一个过程。对于学校组织的质量文化，可以构建一个独特的分析模型。从开放系统的角度来看，质量文化是一个投入、转化、输出的过程。文化主要包括六个要素：观念、规则、情感、行为习俗、规范和价值观。学校组织从环境中以信息、人、物的形式投入生产要素。将投入生产要素转化为实现组织目标和满足教职工需求的显性行为。在学校运营过程中，管理过程（主动性、决策性、沟通性、变革性）和组织结构（岗位描述、评价体系、控制体系、奖励机制）对质量文化有很大影响。

在学校，输出的可能是学生知识、技能、态度的评价结果，也可能是学生出勤率、留校率、入学率、毕业率等指标的评价结果。学校组织不仅影响外部环境，而且受到外部环境的影响。在投入、转化、输出的不同环节中，文化总是伴随着一个因素。

第三，质量文化差异。每个学校都有自己独特的特点。从某种意义上说，每一所学校就像每个人的性格一样不同。然而，学校之间的差异是由许多因素造成的。学校的管理结构不同，管理效率也不同。学校文化差异的一个重要原因是学校内部的价值取向不同。在每一所学校，随着时间的推移，这些传统文化元素开始有意义。它有助于在学校员工中创造归属感，激发他们对学校的忠诚。相同类型的学校拥有相同的核心价值观，尽管这些价值观可能通过略微不同的程序体现出来。

第四，质量文化是一个异质结构。复杂结构的组织不仅表现出一些典型的信念、价值观和行为模式，而且表现出文化异质性。换句话说，在学校组织中可能有不止一种文化。一方面，正式文化在成员的理想观念和行为上存在差异，正式文化是多样的。另一方面，组织的不同职能部门可能存在不同的文化，学生、教师和管理团队都有不同的文化。

二、教育质量文化的内涵与构成

（一）教育质量文化的内涵

在这个过程中，文化至少包含两个部分：作为文化活动结果的传统文化和对传统文化进行修正、补充和更新的文化现代化。作为文化统一体的双方，它们在个体和社会当前生存活动的各个方面都占有共同的时间地位。也就是说，传统文化和文化的现代化共同构成了生存活动本身。

根据对文化概念的理解，教育质量活动也是人类重要的生存活动。在这个社会的特定生存活动中，人们总是在特定的教育质量文化（传统质量文化）中实现自己的教育质量活动，并在此基础上参与对传统教育质量文化的扬弃和创造。我们不能摆脱传统教育质量活动及其效果的深刻影响，同时必须在力所能及的范围内对其进行调整、修正、消除、补充和完善。正是在传统教育质量文化与当前教育质量活动互动碰撞的过程中，教育质量文化才能得到进一步的传承和更新。这种文化的过程和结果体现在技术、行为、制度、观念等各个方面，尤其侧重于人类教育质量的价值、教育质量的责任和教育质量的行为模式。

综上所述，我们不妨给教育质量文化一个可操作的定义：教育质量文化是以教育质量体系和质量行为为特征，以教育质量评价理论、方法和技术的发展程度以及教育质量的高水平为标志的一种特殊的社会文化形态。它体现在人们的教育质量意识、教育质量责任和社会教育质量水平上。

（二）教育质量文化的构成

目前，关于构成教育质量文化的因素还没有得到公认的研究。文化学和企业文化的研究成果可以为我们理解教育质量文化的构成提供有益的启示。

企业文化的开拓者、美国学者阿伦·肯尼迪和特伦斯·迪尔把企业文化的构成要素概括为以下五个方面：①企业环境，是塑造企业文化的最重要因素；②价值观，构成了企业文化的核心；③英雄人物，这是把组织的价值观人格化，并提供了广大员工学习效法的实际典型；④典礼及仪式，是企业有系统、有计划的日常例行事务所构成的动态文化，它使企业文化的价值观得以完善和发展；⑤文化网，是企业基本的沟通方式，它能有效地传递企业的价值观和英雄意识。

《中国企业管理百科全书》中认为，企业文化的构成主要有如下六个方面。①企业特有的价值观，它通过企业的经营观念表现出来，是企业文化的出发点。②先进模范人物，体现企业价值观的典范，将企业价值观"人格化"，为企业职工提供具体的楷模。③企业领导者，他们的行为是下属的表率，他们的言行是企业文化的主要体现。④各项管理制度，它使企业文化规范化和制度化，尤其是绩效评价标准，是加强价值评估系统的主要手段。⑤多种文化活动形式，诸如会议、现场巡视以及表彰、对话等，是传播企业文化，提高企业成员共同认识的重要方式。⑥文化网络，这是组织内部的重要联系手段，也是企业价值观和英雄人物事迹的根据文化学对文化的一种分类方式。

我们可以把教育质量文化区分为四种类型。

1. 教育质量观念文化

所谓教育质量观念文化是以教育质量价值或教育质量意识为基本要素，以概念形式为存在形式的教育质量文化形式。

人往往存在于两个相互关联又不同的世界中：一个是真实的物质世界，另一个是虚拟的精神世界。这个精神世界归根结底是人在改变物质世界的过程中积累起来的经验所形成的、由主体不断建构和发展的价值世界，或者说意义世界。人与动物的重要区别是，动物和人生活在一起。生命与存在的区别在于生命有更多的价值和意义。人们有生活理想、目标和价值去追求。人们可以根据自己的价值取向来选择自己的人生道路和生活方式。在教育活动中，人类也有不同的教育思想和办学理念，这些思想和理念促使人们选择不同的教育目标和特点来实现这些目标，选择不同的教育质量水平和质量体系。因此，教育质量文化的核心是教育质量的概念或教育质量的价值。每一个教育机构都应该把教育质量理念作为校园精神文化的核心。这是教育质量活动的动力系统。

2. 教育质量制度文化

教育质量体系文化是由内而外的教育质量文化的第二级，主要是指政府和教育机构的教育质量体系和各种质量管理规章制度。教育质量体系文化包括两个体系：一是代理制度，即政府和教育机构内部的教育质量管理、评价和监督机构及其工作人员的制度，二是标准制度，包括各类教育质量管理制度，是教育质量责任制的主体之一及其运行机制。它的主要功能是保障功能，即是教育质量活动的组织保障和制度保障，因此，它也可以看作教育质量活动的保障体系或制约体系。

3. 教育质量行为文化

教育质量行为文化是指人们在教育质量活动中表现出的行为特征的总和。它是在教育质量观文化和制度文化共同作用下产生的，是教育质量观和教育质量体系的行为化或外化。它包括教育机构全体成员的教育质量行为特征，英雄和模范人物的教育质量行为特征，以及政府和教育机构领导的教育质量行为特征。例如，假文凭的处理、教师对教学敷衍的态度、学生考试作弊行为的态度和处理、高质量教育产品或教育成就所产生的行为反应等。所有与教育质量有关的行为都是教育质量行为文化的内容。

4.教育质量技术文化

教育质量的技术文化也可以称为教育质量的物质文化。它是整个教育质量文化的最外层，是教育质量观念文化、制度文化和行为文化的具体化。教育质量技术文化实际上包括教育质量活动的物质环境和创造教育质量的工具或技术。

创造教育质量的工具和技术包括创造教育质量的技术和管理教育质量的技术，如教学内容、方法和手段的先进程度，以及教育质量管理体系的完善和水平。教育质量技术文化有两个主要特征。

一是时代性，即不同的时代有不同的经济发展水平及相应的教育环境设施，同时也有不同的质量管理水平。

二是外显性，即教育质量的技术文化是可以观察到、触摸到和感觉到的，因此，也可以称为教育质量的"硬文化"。

教育质量文化正是由教育质量观念文化、制度文化、行为文化和技术文化组成的整体，它体现于教育质量活动的各个环节和各个方面。

三、教育质量文化建设

教育质量文化在教育质量活动和教育质量管理中的重要作用，使教育质量文化的建设显得尤为迫切和关键。根据教育质量文化的构成，教育质量文化的建设可以从观念文化、制度文化、行为文化和技术文化四个方面入手。

（一）教育质量的观念文化建设

教育质量的观念文化是整个教育质量文化的核心，是其他教育质量文化的原动力。因此，在教育质量文化建设中，我们必须吸收传统的教育质量观文化，根据不同时代对教育质量的不同要求，通过对教育质量观的创新和重构，建立和发展新的教育质量观文化。

根据我国教育质量文化的基本情况，我们认为，在当前和未来的长期发展中，教育质量观文化的建设应着重确立以下四种主要的教育质量观。

1. 质量至上的理念

任何事物都包括质和量两个方面。事物的发展也相应包括了质量发展和数量发展两个方面。在教育发展过程中也同样包括数量发展（规模扩展）和质量发展（质量提高）两个方面。但是，对数量、规模、速度的重视和对质量、结构、效益的重视体现了不同的教育价值取向。在 21 世纪，教育质量应该是我们追求的主要目标。在经济市场化、全球化、知识化、网络化的时代背景下，中国的教育市场将日益开放和国际化。在这样一个时代，我国如何从人力资源大国向人力资源强国转变，如何在办学中赢得比较优势和竞争优势？方法有几千种，但第一种是树立质量第一的理念。每一所名牌学校，都非常明确的认识到：质量是生命线，质量是品牌，质量是金。用一流的品质，才能永远不被对手打败，才能赢得永恒的优势，才能坚不可摧。

2. 质量第一的理念

质量第一是指在教育规模发展与数量发展存在矛盾的情况下，如何选择优先发展战略的价值取向。自然，有两种不同的选择：一种是数量优先，即规模和速度优先；一种是质量第一，即质量效率第一。在不同的发展时期，教育发展的优先顺序是不同的。

3. 以质取胜的理念

以质取胜的理念就是指教育机构在办学过程中应该重视提高教育质量，通过提高教育质量而不是扩大办学规模来实现其长足发展。以质取胜与以量取胜相对，它反映了办学者不同的办学理念和办学方略。

4. 优质优价的理念

在我国教育的发展中，必须树立教育质量观，即高质量、高价格的观念。质量也是有成本的，追求质量就是投资。如果价格同等但质量低劣，它将极大地损害教育机构创建高等教育质量的热情，这将使他们联想到假冒伪劣，它将无法达到改善教育过程和提高教育质量的目的。天下没有免费的午餐，在市场经济中尤其如此。树立高质量、高价格的理念，不仅是为了奖励高质量教育产品和服务的创造者，也是为了遏制和打击假冒伪劣教育产品和服务的提供者。

（二）教育质量的制度文化建设

教育质量的观念文化需要通过制度文化来体现，教育质量的实现也需要有健全的教育质量标准体系作为根本保障。在教育质量形成的整个过程中，伴随着有形和无形的标准体系，制约着人们在创造教育质量的各个方面的行为，从而确保教育质量目标的实现。

教育质量的制度与文化建设包括以下五个方面。

1. 教育质量标准体系

教育质量标准体系是各级各类教育机构在生产教育产品或提供教育服务过程中必须满足的基本要求，是由政府或政府授权的其他社会组织制定的。它不是质量的最高水平，而是质量的底线。从这个意义上说，它是一种具有强制性特征的行为准则。没有质量标准，就无法客观、科学地评价教育质量，在教育质量评价和识别过程中就会出现各种差异。可见，教育质量标准体系的制定与实施是整个教育质量体系与文化建设中最基本、最关键的环节。

2. 教育质量管理制度

教育质量管理制度是指为了使教育质量的形成过程能够顺利地达到教育质量标准体系的基本要求而对教育质量活动过程进行控制的各种行为规范的总和。它可以区分为广义和狭义两大类。从广义来看，所有的教育质量规范都属于教育质量管理制度的范畴，即它包括了教育质量标准体系、狭义的教育质量管理制度、教育质量评价制度、教育质量认证制度和教育质量监督制度等。狭义的教育质量管理制度是指除了教育质量标准体系、教育质量评价制度、教育质量认证制度和教育质量监督制度之外的其他管理制度的总称，其核心是教育质量岗位责任制。通过教育质量管理制度的建设，使整个教育质量的生产过程能够有法可依、有章可循，从而彻底改变凭经验办事的状况，实现教育质量管理的科学化和规范化。

3. 教育质量评价制度

教育质量评价制度是衡量教育质量产生过程及其结果价值的活动规范。教育是符合规律和目的，寻求真理和意义的统一的活动。因此，教育质量虽然有客观方面，但也与学科需求、经验等主观因素密切相关。对于同样的教育事实或教育经历，不同的人可能会从不同的价值取向得出完全不同的结论。一个很好的例子就是在每年的高考结束时，在批改学生作文的过程中产生的巨大的分数差异。在这里，我们可以排除由于个人恩怨而有意识地制造困难的情况。例如，一些教师在教学过程中受到光环效应或第一印象等主观因素的影响，可能导致对在评价学生的成绩过程中出现爱屋及乌或者"城门失火，殃及池鱼"的情况：对他们喜欢的学生就有意无意地抬高分数，而对他们厌恶的学生则有意无意地降低分数。因为试卷是密封的，所以个人恩怨的影响被排除在外。那么，为什么每年对学生作文的评价都不一样呢？这是教师的知识、兴趣、价值取向、思维方式等主要因素所起的作用。同样，在整个教育质量评价过程中，也不可能完全排除个人主观因素的作用，因此需要研究一套或多套科学合理的教育质量评价体系，以提高教育质量评价结果的信度和效度。这是教育质量体系建设和教育文化建设中必须解决的重要问题。

4. 教育质量认证制度

教育质量认证体系也是教育质量体系文化建设中迫切需要建立的体系。教育质量认证体系本质上也是一种教育质量评价体系。教育质量认证的过程，实际上是根据权威的教育质量标准体系对教育质量的生产过程及其结果以及相应的教育质量保证体系的过程进行综合评价。任何教育质量认证都是以评价为基础的，没有评价，就没有教育质量认证。然而，教育质量认证是教育质量评估的一个特殊而权威的过程。通过质量认证的教育产品和服务可以产生更好的声誉，教育机构也可以获得更丰厚的回报。因此，教育质量认证是一种梳理市场秩序、鼓励先进、鞭策落后的教育质量认可和激励制度。

5. 教育质量监督制度

教育质量监督体系是保证教育质量标准的实施，稳定教育市场秩序，打击各种损害教育质量的行为的保障措施。通过教育质量监督体系的建设，保护国家、教育机构、受教育者和用人部门的利益不受非法损害，从制度层面保障教育质量的提高。

（三）教育质量的行为文化建设

教育质量行为文化是主体在一定的教育质量观念文化和制度文化的影响和约束下所表现出来的行为特征的总和，是教育质量观念文化和制度文化的外在行为表现。其主要包括以下四个方面。

1. 弘扬教育质量诚信

教育质量的完整性也是教育质量的道德行为。在市场经济环境下，诚信是市场秩序的基本支撑力量。在教育质量文化中，必须发扬诚实守信，这是建立健康的教育市场秩序的基本前提。

2. 规范教育市场行为

尽管到目前为止人们都不愿意承认教育是可以按照市场经济规律运行的，但很难否认教育市场的客观存在。因为在市场经济条件下，只要有市场需求，就会形成市场供给。这是市场机制本身，是市场经济规律作用的必然产物。然而，市场经济总是伴随着市场失灵。这就需要对市场加以引导和规范。把"看不见的手"（市场）和"看得见的手"协调起来，才能既发挥市场在资源配置方面的效率优势，又能够克服"市场失灵"所产生的弊端。所以，在教育质量文化建设中，也应该通过政府及社会的力量，规范教育市场的行为，优化教育发展的市场环境，建立开放而富有生机、活力的教育市场秩序，为教育质量的提高服务。

3. 鼓励教育质量标兵

榜样对人们的行为有很大影响。在教育质量行为文化建设中，通过表彰优秀先进的事物和人物的教育质量活动和他们的结果，可以形成一种激励和健康的氛围，有利于突出主旋律，鼓励先进和鞭策落后。先进的人和物的激励作用不可低估。领导的率先垂范和对英雄模范单位、模范事情及模范人物的大力宣传，一方面可以激励优秀单位与个人再接再厉，不断攀登新的教育质量高峰；另一方面也能够对暂时居于落后地位的单位和个人起到导向和鞭策作用，使他们产生一种向先进学习的动机和动力，带动整体进步。

4.打击损害教育质量行为

世界上的人和事总是有各种各样的形态和形式。如果每个人的思想意识高度一致，能够依法行事、依法操作，那么国家的许多职能就都可以豁免。但事实并非如此。总有一些单位和个人有意识或者无意识地使用国家法律和政策的各种漏洞，或公然违反国家法律和政策的规定，为了短期地方利益的单位和个人，扰乱教育市场秩序，损害国家、社会、受教育者和守法的商业教育机构的利益。对破坏教育质量的各种行为必须依法严惩，以从反面教育群众，鼓励人们产生先进的教育质量行为。否则就没有好坏之分，必然会导致各种扰乱教育市场的行为，如以次充好、假冒伪劣等，构成提高教育质量的巨大行为障碍。

（四）教育质量的物质与技术文化建设

教育质量的物质与技术文化建设包括教育质量的物质基础设施建设和教育质量管理的技术进步。教育质量不是凭空产生的，而是建立在越来越先进的教育质量基础设施的基础上。在物质文化建设方面，包括教育机构的物质环境，如校园的规划与建设、风格与质量的结构、学校教学仪器设备与实验楼、图书馆与图书资料、校园网的建设与利用等，我们所有的硬件设施都是有形的教育质量的物质文化建设。教育质量的提高与教育质量管理水平密切相关。教育质量管理水平的提高是教育质量管理理论、方法和技术创新的共同结果。在教育质量的物质文化建设中，物质设施的改善需要社会经济发展和政府教育投资政策的保障。虽然其中很多都与教育质量密切相关，但它们并不是由教育机构单独决定的。因此，相比之下，教育质量管理的理论创新、方法创新和技术进步就显得是"欲为之则可为之"的事情了。在这里，教育质量的物质文化建设主要强调教育质量管理的技术文化建设。当然，这并不表明，教育质量的物质文化建设不重要。

教育质量的技术文化建设，主要应该抓好以下三个方面的工作。

1. 加强教育质量管理的理论研究

教育质量管理一直是在一定质量管理理论的指导下进行的。20 世纪下半叶以来，世界各国越来越重视在激烈的市场竞争中受益于管理。这在客观上促进了人们对质量管理的重视，也促进了质量管理理论研究的深化。通过从检验质量管理理论到统计质量管理理论再到全面质量管理理论的深入探索，表明了人类已经把质量管理置于管理学研究领域的重要地位。然而，人们对教育质量管理的理论探索还相当不足，主要是到目前为止很少有关于教育质量管理的重要理论研究成果发表，在教育管理的相关研究和教材中对教育质量管理的探索也是一纸空文。这可能是因为教育的质量管理本身比物质产品生产的质量管理更为复杂和困难，但也与人们对这一领域缺乏主观关注有关。所以，在教育技术的质量文化建设中，必须把教育质量管理的理论研究和探索深入化，教育管理科学的高度重视，使它真正成为教育管理者卓越的教育质量管理理论武器，真正能够指导教育质量管理的实践。

2. 加强教育质量管理的方法探索

教育质量管理是一种专门的管理活动，其应用特点需要科学方法的支持。长期以来，教育质量的形成仍处于经验管理的发展阶段，各级各类教育机构都在探索不同的教育质量管理方法，有的教育机构取得了较为明显的成效。例如，有的学校通过目标管理促进教育质量管理，有的学校通过质量认证提高教育质量管理，有的学校通过学习企业的全面质量管理方法实现全面质量控制。但从整体上看，教育质量管理滞后于企业质量管理。到目前为止，教育质量管理还缺乏被大多数人认可的独特而有效的方法。这种情况极大地阻碍了教育质量的提高。必须通过加强教育质量管理的方法探索来改变这种教育质量管理方法"黔驴技穷"的局面。

3. 推进教育质量管理的技术进步

我国教育质量管理的落后与教育质量管理技术进步缓慢有关。教育质量管理的落后主要表现在对教育质量信息的收集和分析上。在传统的教育质量管理中，虽然有因材施教的原则，但是由于技术等方面的影响，教师很难因材施教。特别是在课堂教学体制的背景下，教师很难有精力根据学生的不同需求，对每个学生进行单独辅导，从而提高学生的学习质量。从教育管理者的角度来看，他们也面临着各种各样的管理任务，无法控制教育质量。如果没有真正的技术进步，这种状况将很难完全改变。然而，信息技术改变了我们整个生活的技术基础，也为教育质量管理提供了新的技术基础。通过计算机辅助教学（CAI），计算机辅助管理（CAM）、管理信息系统（MIS），决策支持系统（DSS）等先进的技术手段，通过对教学过程的网络信息监控等数字音视频控制设备，我们可以第一时间了解教育活动的情况，这为建立新的教育质量管理体系提供了坚实的技术准备。然而，人类已经发明、正在发明和将要发明的所有技术的推广和应用，都取决于管理者对这些技术的态度。只有管理者实现技术进步对教育质量管理的效果，这些技术才能在教育质量管理实践中发挥实际作用。

四、基础教育学校质量文化的营造方式

（一）形成良好的学生学业质量评价机制

学校需实施由教育部牵头的"中小学生学业质量分析、反馈与指导项目"。教育部小学生学业质量分析反馈指导项目旨在通过对小学生学业质量是否符合课程标准的问题进行分析、诊断、反馈，为教育教学提供更有针对性的指导和改进建议。它是指导小学教学过程，提高教学工作质量和效率的重要平台。建立规范的教育质量管理体系，实施基础教育质量管理，

也是一项基础性工程。引导学校和社会树立正确的教育质量观也是必然要求。

学业质量评价工作有助于教育行政部门建立和运用小学生学业质量动态分析体系，提高科学决策水平。有利于教研部门弘扬科学精神，在数据的基础上进行有针对性的教学研究和指导；有利于教育工作者树立正确的教育质量观念，改进人才培养模式，促进小学形成"轻负担、高质量"的教学质量管理机制。

教育部开展的小学生学业质量分析反馈指导项目以国家颁布的课程标准为基础。除了通过纸笔测试来衡量学生的学习能力外，我们还通过书面问卷的形式向校长、教师和学生调查学生的学习背景信息。小学生学业质量评价工作的主要任务如下：在教育部课题组的指导和帮助下，组织开展小学学业质量评估工作，充分了解学生学业质量和教学管理现状，明确行政决策中存在的问题和不足；加强评价的跟踪研究，完善教学管理和实施的政策、策略和方法，有效改善教学环境，提高学生学习质量；为适应基础教育内涵发展和加快实现教育转型升级的需要，在与他人、自身和课程标准比较的基础上，逐步建立起一种动态的、本土化的小学教学质量评价机制。

（二）积极开展学生社团建设

第一，我们应该统一我们的思想，清楚地认识到建设学生社团的重要性。加强小学生社团建设是创新和深化未成年人思想道德建设的重要途径，是坚持育人为本、优化育人模式的内在要求。小学学生社团开展思想性、知识性、趣味性的活动，能够充分调动小学生的共同兴趣和积极性，增强学校德育的互动性、针对性和实效性。加强学生社团建设是继承和培育校园文化的客观要求。社会是学生活动的主要战线，社会建设是实施素质教育的好途径，是学校课程发展的重要支撑，是推进特色学校建设的有力措施。学生社团可以极大地满足学生个性发展的需要，这有利于开阔学生的视野，增加他们的知识，培养他们的能力，培养他们的情操。学生社团具有实践锻炼和教育功能，为学生综合素质的提高提供了广阔的舞台。

第二，要明确学生社团建设的目标和任务。学生社团建设的主要任务是：整合教育资源，发展学生社团，创造良好条件，开展丰富多彩的活动；制定相关制度，建设与管理并重，丰富校园生活，提高综合素质，积极探索学生社团工作规范化、系统化、流程化、品牌化的途径，努力把学生社团建设成为课外学习实践基地和学生成长成才的大舞台。

第三，完善管理机制，努力加强小学生社团的规范化建设。（1）完善领导机制。各学校要把小学生社团活动纳入未成年人思想道德建设的整体工作中，成立学生社团领导小组，全面负责学生社团的发展建设、活动策划、组织和管理。加强学生干部建设，并为学生配备专业教师，重视对学生社团领袖的选拔和培养，鼓励学校聘请专家学者、社会名人、专业人士及家长志愿者担任学生社团名誉主席，并指导学生社团的建设，让学生在活动中与专家、名人对话，不断提高人文素养。（2）加强组织建设。每一所学校根据实际面对面，根据学生创建标准，规划建立若干个规模适宜的年级群体社区、学校、中心、基层社会社区、互帮互助的精品企业体系，确保每个学生在校期间每学期至少参加一个学生社团，为学生展示个性的平台，满足学生的多样化需求。学生可以建立由学生自发联合的某一个方面感兴趣，数量可能不到，也可以在由学校广泛调查研究的基础上，根据学生的兴趣、爱好，结合传统的学校项目实施、质量教育、特色项目，引导学生形成相关社团，努力使尽可能多的学生加入社团和参与社区活动。（3）修改规章制度。各学校要加强对学生社团的独立管理，明确社团成立、审批、活动开展、权利义务、工作考核、评价奖励、监督管理、团队建设等关键环节的管理目标、内容和方法。学校领导应敦促学生社团制定和实施宪法和学生社团的内部工作制度，规范学生及其成员的社会行为，实现标准化和制度化建设的学生社团，并确保学生社团健康、持续、稳定运作。

第四，开展丰富多彩的活动，重视小学生社团建设的实效性。活动是社区的生命。各学校支持、引导学生社团按照国家法律、法规，按照自己的规章制度，根据学生的年龄特点、兴趣爱好和特长，自主开展学生喜欢的活动。（1）活动设计，要满足需求，贴近生活，灵活多样，不兼收并蓄。活动体现知名度、风雅、智慧、情趣，体现校园文化特色，让学生参与活动的策划、组织、总结等环节。（2）在活动领域上，体现了广泛性、多样性和实践性，有利于培养和锻炼学生的各种素质。活动范围可涵盖文化、科技、实践、公益、体育、艺术、技能、娱乐等领域。（3）在活动组织方面，要充分发挥学生的主动性和创造性，提高活动的参与率和互动性，加强小学生社团的实践环节，让每个学生都能找到自己的位置，在社团的实践活动中发挥作用，积累经验。强调成员之间的精神交流，鼓励学生表达自己的观点，张扬个性，真正成为社区的主人。（4）活动范围体现开放性和灵活性。社团活动可以定期或随机举办，可以在校园，也可以在新农村、工厂、企事业单位、社区、场地等参观考察，以扩大自己的知识面。（5）活动的效果，使学生在社区自治、健康发展的过程中拓宽视野，加强交流，增强体验，提高整体素质。为进一步激活社团活动，扩大社团在学生中的影响力，创造条件，搭建舞台，各学校根据实际情况，举办优秀社团评比演出、社团文化节、社团活动演出等活动。为学生社团的发展营造氛围，注入活力。

（三）开展学校综合质量创建工作

要形成积极的素质文化，学校应注重综合素质建设，包括以下五个方面。

第一，提供明确的质量改进目标和评价体系。为教职员工制定明确的质量目标，激励他们关注质量。仅仅由管理层设定的目标取代了教职员工，以及为实现这些目标所做的工作，都是外部约束。质量目标包括组织目标、过程目标和工作目标。管理层和员工设定的目标，以及教师和员工自己要完成的工作，都称为内部约束。学校管理应为教职工实现自身内在约束提供必要的环境。

第二，继续重视校内外的质量检查。只有不断强调质量的重要性，才能增强全体教职工的质量意识。运用评价手段对各方面和各方面的质量进行测试，不仅可以为教职工提供一些重要的信息，而且可以使他们保持敏锐的质量意识。除积极参与国家、省、市、区教育教学质量检查外，各学校还认真组织学校内部质量检查和分析，包括定期检查课堂教学情况、上课出勤率和学生评价情况。

第三，学校管理要实行全面质量管理。在管理上，人们需要关注质量的提高，但这是不够的。为了吸引全校相关人员的注意，向全体教职员工展示学校管理层关注质量管理活动的实施是至关重要的。加强学校教育教学的科学管理，自觉把全面质量管理的理念和方法运用到日常工作中，促进管理效率和水平的提高。

第四，促进个人发展和教职工的积极参与。教师的培训对教师的个人发展具有重要意义。只有通过改变教师和员工的行为，我们才能改变他们的态度。积极参与是改变教职员工行为的行之有效的原则。

第五，加强对教职工的表彰和奖励。认可是指公众对教师和工作人员出色工作的认可。激励是物质奖励，如加薪或奖金，给予优秀的教员和工作人员。认可可以有多种形式，可以是书面表扬，也可以是适当的或象征性的奖励。认可应真诚，符合学校的文化特色。

第三章 新时代基础教育教学管理

第一节 教师培训的理论基础与途径

教师培训是小学教师队伍建设的保障和基础工程。加强教师培训对全面实施素质教育，提高教育质量，促进教育事业又好又快发展具有重要意义。随着新课程改革的深入和社会对教育水平和人才需求的不断增加，对小学教师素质及其培训质量提出了越来越高的目标和要求。教师培训机构应对培训理论、培训目标、培训内容、培训模式和方法、考核和评价、组织和管理不断深入研究和实践，构建科学、有针对性、有效性和前瞻性的有效教师培训体系，指导教师的专业发展和可持续发展，提高小学教师的整体素质和专业发展。

一、教师培训的理论基础

教师培训的理论基础非常广泛，如终身教育理论、成人教育理论、教师个体知识理论、专业发展理论等。其中，教师专业发展理论是教师培训的重要理论基础。在中国，教师培训是根据教师专业发展的内在规律和教育改革的需要，根据具体的内容和主题，通过有效的组织和活动方式，促进教师专业发展的合格机构。教师专业发展是一个不断成熟和完善的长期过程。教师培训应以教师专业发展为理论基础，使培训更具科学性、前瞻性、针对性和有效性。

教师专业发展是指"教师在整个职业生涯中，通过终身的专业培训，获得教育的专业知识和技能，实施专业自主，展现职业道德，逐步提高教学质量，成为一个良好的教育专业工作者的专业成长过程"。也是一个"普通教师"变成"教育者"的专业发展过程。教师专业发展理论认为，在认识上，教师是专业发展的主体，教师专业发展包括教师个体专业发展和教师职业群体专业发展，教师个体的专业发展是教师职业专业发展的基础和源泉，教师职业群体专业发展是教师个体专业发展的保障和条件，也最终代表教师专业发展的水平和方向。在发展阶段上，从 20 世纪 60 年代美国学者费朗斯·福勒编著《教师关注问卷》揭开教师专业发展阶段研究的序幕以来，出现了"关注"阶段论、职业生命周期阶段论、心理发展阶段论、教师社会化发展阶段论和综合阶段论等理论，总结了适应型、经验型、知识型、混合型、准学习者型、学习者型和智能型等教师类型。从内容上来看，教师的专业发展应包括专业知识、专业技能、专业理论和专业情意等，其中常见的文化知识、专业知识、教育学科知识、专业知识的实践性知识是教师专业发展的核心，是保证教师有效完成专业工作的关键。

二、构建有效教师培训的途径

教师培训是促进小学教师专业发展的重要途径，开展有针对性、有效、前瞻性的培训是构建教师培训体系的核心内容。培训机构的组织者、管理者和培训师应从培训目标、培训内容、培训模式和方法、考核评价、组织管理等方面拓展和创新教师培训的有效途径。

（一）明确培训目标，精心设计培训方案

总的来说，判断一项教师培训活动是否有效，关键是看培训目标是否明确有效以及实现的程度。确定培训目标，指导教师培训方案设计、培训内容、培训方法等，确定并考虑培训项目制作者、组织者和参与者的价值追求能否实现协调统一。因此，培训方案的价值判断在一定程度上决定了培训目标的价值状态。培训目标的界定和培训方案的设计必须遵循"在多元中主导、在多样中谋共识"的总体原则，让具体的培训目标具有积极的价值导向。

研制一个切合培训目标的培训方案是培训获得成功的关键因素之一。培训方案应包括培训目标、培训对象、培训时间、培训课程设置与学时分配、培训方式、培训教材与教参、培训组织管理和考核评价等内容，核心是确立具体的、可操作的、可监测完成的培训目标。在研制培训方案时，主要从以下七个方面进行考量，提高方案设计的有效性：一是在有效组织方面，实施流程是否规范有序；二是在有效教学方面，培训者是否已经化"理论"为"实践"，倡导的经验是否具有可迁移性和可运用性；三是在有效需求方面，学员的教学难点、疑点、热点是否得到解惑和诠释；四是在有效互动方面，师生是否营造了智慧共享的交流互动平台；五是在有效提升方面，学员是否能够从"一般经验"升华到"核心经验"，从"经验型教师"升华到"未来型教师"；六是在有效评价方面，考核方法是否能够促进学员积极参与和主动学习；七是在有效管理方面，服务水平是否能够保障培训正常有序地实施。

（二）拓展培训内容，突出增强培训实效

培训内容是教师培训的核心，是有效培训的关键因素之一。在新的历史时期，教师培训按不同的对象和内容层次分为两个方面。一是随着新课程的推进，小学教师在实际的教育教学中，遇到了很多问题和困惑，迫切需要通过培训学习、沟通，提高分析问题和解决问题的能力。教师培训应以新课程理念、新课程标准、新教材为重点，转向解决新课程教学难点、课堂教学新技能、信息技术与学科教学整合等方面的深层次培训。因此，有效的教师培训内容必须立足于当前，只有解决教育教学的实际问题，才能受到学生的欢迎。二是随着教育的发展和教学改革的深化，教育公平、教育均衡和教师素养成为社会关注的焦点。随着素质教育的理论和实践，有效的教学方式和方法，现代教育技术，创新教师专业发展机制，能力的提高与教师专业发展的可持续发展密切相关，其内容将成为教师培训的重点。教师培训的内容应力求体现时代特征、发展性特征、主体性特征、教师培训的有效性特征。

（三）创新培训方法，力求体现培训特色

随着小学教师培训的深入发展，各培训机构为了提高小学教师培训的针对性、有效性和科学性，开展了多渠道、多层次、多角度的探索与实践。形成了如讲座式、参与式、案例式、专题式、在职实习式、师徒式、反思式、研修式等特色、相互融合的培训方式。

无论是创新还是传统的培训模式，本身没有优劣之分，只有合适和有效、不一致和低效之分。因此，在选择和采用训练方法时，要根据训练目标、训练对象、训练内容和训练条件的不同，努力做到"六结合"，提高训练的有效性。

1. 理论与实践相结合

以往的小学教师培训大都比较强调理念更新、理论学习、专题研究等环节，其所占的课程内容和培训时间都比较多，而实践层面的观摩、体验与操作比较少。如果培训活动只是培训者讲、学员听，则是培训者唱独角戏，难以引发培训主体（参训学员）的主动参与和独立思考。当培训课堂缺少"对

话"（言语的、思想的），培训活动缺少"体验"（观摩、操作），培训过程缺少互动时，学员也许在理念、理论、知识等方面有一些收获、感悟，但所获知识是零碎的、不完整的、不牢固的。有效培训是以学员为本的培训，除了培训的内容要符合培训目标，切合学员的需求外，培训的方式也要激励和引导学员积极参与，理论联系实际，在实践中、在情境下，不断进行基于新知识、新技能的学习和反思，并逐步内化为自身更高层次教育教学的素质和能力。

2. 集中与分散相结合

集中和分散是相对的概念。集中培训中有分散的学习交流，分散培训中有小规模的集中讨论总结。只有集中与分散相辅相成，恰到好处，才会增强培训的针对性和有效性。

传统的小学教师培训一般分为通识培训、学科教学理论培训、教学（岗位）实践培训三个环节。在通识培训和学科教学理论培训阶段，大多采取学员集中培训的方式，通过知名专家、学者、行政领导和一线名师开设课题讲座，在教育理念、理论和学科前沿知识方面，提升学员的理论素养，拓展学员的视野。当然，在集中培训期间也可以采取小组交流、讨论和观摩、考察的形式。在教学（岗位）实践培训阶段，学员回到自己的教学岗位，或者按照小组分散到培训实践基地开展听课、评课、备课、上公开课和校本教研活动，在实际教育教学中应用新理论、新知识、新技能，并在实践中不断反思、总结、提高。采取师徒式的个性化指导是提高分散培训实效的关键。分散的学员应在名师的指导下深入课堂、学生、学校开展教研培训活动，并做好帮扶、跟踪、考核工作。

3. 学习与交流相结合

参与培训的学员包括学习者、评价者、参与者和贡献者。高质量的教师培训除了通过讲座、观察、案例分析等方式向学生提供学习教育理念、学科理论、前沿知识、教育教学技能外，还应采取多种方式激发学生积极参与互动与沟通，把组织者、教练、教员和学生聚集在一起。学生间的对话与交流是培训活动中不可缺少的一部分。结合学习与交流，注重学生的参与与互动，一方面，可以引导学生将自己的工作与实际感受结合起来进行讨论、交流与反思，甚至公开讲座，让学生参与教研活动，参与项目指导，加快教育教学实践实训的深度拓展，也使受训人员在实训活动中，成为实训活动的积极主体和参与者，而不是旁观者和被动参与者；另一方面，它可以为学生和教师提供一个学习、交流和评价的平台。作为一种宝贵的培训资源，学员的到来和参与，以及反馈的信息、意见和建议，是培训师进一步改进教学和管理者提高培训质量、管理和服务水平的机会。

4. 规范与创新相结合

实施培训项目的过程中，一方面，必须严格按照培训计划和培训计划完成规定的培训内容，以确保培训进行有序和高效的方式，实现科学、制度化和标准化的培训；另一方面，本着实事求是、开拓创新的精神，分门别类、因地制宜，用新思维、新手段、新成果，不断创新培训理念、模式、内容、方法、考核评价和管理制度。规范是有效培训的基础，创新是有效培训的动力，两者紧密结合提高培训质量，增强培训服务的有效性。

如在培训模式方面，在保持培训目标和内容不变的前提下，创新省、市、县联盟合作培训模式，在高素质教师、实习基地、人才培养等方面实现优势互补、整合共享、互利共赢。课程资源和管理系统。在培训方法上，提倡多样化的培训，有效激发学生的学习积极性，提高学生理论联系实际的能力，努力让教师始终留在课堂教学实践和经验中，提高培训质量。

5. 培训与教研相结合

随着社会对教师素质要求的进一步提高和课程改革的进一步深化，教师培训更加注重提高小学教师的教育教学能力和水平。在培训活动中，要将思想、理论等宏观问题与解决一线教师的微观问题相结合。实践证明，小学教师素质的提升、能力的提高，不是单靠"专家讲座—学员聆听"这种单向传递活动来实现的，而主要是在教育教学活动、教育教学改革实验、科研活动等实践中获得和提高。教师培训工作必须转变理念，积极探索"研训一体"模式，集辅导、研讨、交流、观摩、评优、说课、课题于一体，以训促研，以研带训，研训结合，将教师专业发展目标与教育教学问题解决有机结合起来，将培训内容定位由以学科为中心变为以问题为中心，通过对问题解决的经历和反思，使学员获得对自己、对专业活动的理解，发现其中的意义、途径，实现新的专业成长。

6. 面授与网授相结合

如今，互联网的快速发展和广泛应用，极大地改变了人们的工作方式、生活方式和学习方式，也为教师培训提供了新的途径。远程培训不受地域、人数、时间的限制，学习机会均等，成本低，效率高。通过开发课程资源库，教师不仅能随时随地在网上选择在线课程进行自主学习，还可以利用"博客""论坛""视频"等与培训者、同伴进行平等自由交流、研讨。

（四）加强组织管理，提高综合服务水平

教师培训不是一个部门或教师个人的独角戏。教师培训由不同的部门、不同的课程、不同的教师和不同的培训活动组成。这就像一出戏，音乐、布景、演员和观众都准备好了，就要看导演（组织者）如何施展才艺，最大限度的博得观众的喝彩。因此，从一定意义上来说，精心组织实施培训是提高培训质量不可或缺的重要环节，也是构建有效教师培训的重要途径。有效的教师培训应围绕学员的需求，以"提高培训质量，提升服务水平"为中心，培训机构各部门、各参与教师（含外聘教师和管理人员）要通力合作做好培训前、培训中和培训后的组织工作，具体是下列三点。

1. 提高针对性、实效性的训前管理

首先，组织者要深入了解培训对象的需求，在此基础上，研究培训课程，确定培训内容，选择聘请培训师。选择培训师应该依据课程，而不是课程本身。其次，组织者要安排培训师集体备课。培训者团队的集体备课，一定要在明确培训目标，熟悉培训主题和特定培训对象的基础上进行，可以采用座谈会的方式，也可以通过电话、网络（如 QQ、BBS、E-mail）等手段，把培训者"召集"起来研讨交流、研究课程，使其明确各自所教内容的目标和教学的重点，防止各自为政，偏离主题或重复内容。最后，可以广泛收集学员的问题，即让学员带着问题来，在听课、讨论、交流和活动中参与和思考，使学员在培训者和其他学员的启发、帮助下发现问题、解决问题，提高培训的针对性和实效性。

2. 实施规范、高效的训中管理

首先，我们应该建立培训课程的双班主任制度，即教学班主任和行政班主任。根据培训项目，教师培训班至少有几十人，最多有几百人。在较短的时间内，要组织管理好教学工作和后勤管理工作，就需要专业教师对教学安排、实践活动、考勤、班级活动、后勤服务等全过程进行协调、联系、反馈和管理。教学班主任和行政主管班主任各司其职，密切配合，做好服务工作。他们成为学员与培训师、培训机构之间的桥梁和纽带，使学员安心地把学校当成自己的家，轻松愉快地参与培训，提高培训质量。其次，建立培训检查监督制度和教学效果反馈制度。培训管理要有序有效，除加强培训设施、设备、检查外，还要加强对教学和培训活动的监督，不定期了解学员对培训师教学效果的意见、建议或要求，使培训活动在培训师与学员间进行。因此，它全面、全程、到位、真实地反映了学员的学习状况和学习成果，为改进培训内容和方法、提高培训质量提供了制度保障。再次，应建立实践跟踪指导制度。教师培训是为实践环节安排的。培训机构为每位学员选择并分配专业导师，负责学员实习规划，评估学员实践效果，实时解决学员实际问题。辅导员可以是培训师，也可以是一线名师，对学生的校外实践进行一对一或一对多的全程跟踪指导、名师的帮助指导、校本调研等，防止"偷羊""经过过程"的做法。最后，建立科学合理的评价体系。对学员的评价是对学员参与培训的学习过程和效果的识别。措施和手段是否科学合理直接影响培训效果。教师培训的特点决定了评价不应局限于学习结果，而应贯穿于学习的全过程，包括学习态度、参与过程、学习结果等。教练员的教学指导和评价主要通过问卷调查的方式进行，调查学生的满意度和教学目标衡量学生意见和建议的实现程度和反馈情况。一套完整、科学、合理的评价体系可以激励和引导学生的学习和培训师的教学，在改进的过程中增强培训的有效性。

3. 倡导自主学习的训后管理

对学员来说，一次培训结束，领了一张培训结业证书，只是形式上的完结和阶段性的提高，在内容上却是"继续"的。也就是说，学员参加培训后在自己的教育教学岗位上，自主学习和实践研修是进一步消化、巩固培训中所学知识和技能的延展。因此，为增强培训的有效性，培训机构和培训者要在学员集中培训之后，做好以下三项工作：一是为学员提供一个继续研讨交流、获取培训者跟进指导和其他学员帮助、互动的平台，如建立网络班级、QQ群等；二是通过课题研究凝聚和带动学员岗位实践研修（或校本培训），激励学员实践提升理论，并向深层次发展；三是继续对学员进行跟踪，观察和评价他们的行为变化和能力发展情况，为新的或更高层次的有效培训提供素材和支撑。

总之，教师培训应从培训理论、培训目标、培训内容、培训模式与方法、考核与评价、组织与管理等方面进行创新，积极探索科学性、针对性、有效性和前瞻性的教师培训方式与方法，提高小学教师的综合素质和专业发展。

第二节　教师培训的管理模式

　　管理是通过计划、组织、领导和控制特定环境中的活动，有效整合组织所拥有的资源以实现组织目标的过程。所谓模式，就是在一定的思想指导下，为完成一定的任务而建立起来的稳定的程序和实施方法、战略体系。小学教师培训管理模式是指在小学教师培训过程中，管理者通过一定的管理程序、方法和手段，使培训活动达到规定的目标。其主要任务是在培训过程中，根据一定的目标、原则、程序和方法，对教与学双方的人力资源进行有关的培训，对物质资源、财力资源进行科学规划，有效的组织、指挥、控制和协调，确保培训任务能够顺利完成。

一、教师培训管理工作概述

　　教师培训是一项复杂的系统工程。只有在培训过程中进行科学高效的管理，才能使培训教师在经过系统的培训后表现出满意的精神面貌、科学的观念重建和明显的能力提高。教师培训科学管理工作的实质主要包括：培训形式的管理、培训机构的行政管理、培训的质量与评价管理。这三个方面相辅相成。作为培训的出发点和归宿，主要在于教师的需求、政府和教学行政部门的政策和制度方向。因此，有必要寻求保证这一需求和方向实施的实体和手段，即培训形式的管理和培训基地环境建设的管理。但是培训效果如何则需要一个科学的评价标准来衡量，这就是质量管理培训。

（一）教师培训形式的管理

教师的培训形式应是多样化的、层次化的，但具体采取哪一种方式应以培训对象的需求、政府教育行政管理部门的规定为向导，还应结合时代的理念追求和网络信息平台的构建。现代主要采用以下四种培训形式。

1. 举办高级研修班

这种方式主要目标是拓展教师的知识结构和水平，学习新技术、新的教学方法和教学理论。例如，美国英语学会 / 中国（ELI/C）与中国教育国际交流协会（CEAIE）共同在中国举办的暑期培训项目（STP），通过封闭式的强化学习，提高我国英语教师的口语、听说能力。

2. 开展现代远程教育（研修）

借助现代无限发达的网络通信技术以及多媒体技术现代化的信息传输手段建立起一个同时异地或异时异地的"空中课堂"。这种形式能够使在职教师做到培训与教学、教学与学习两不误，也可以为政府和有关教育部门节省一定的人力和物力资源。但在这种教学中，授课教师与学员无法进行较为深入的教学探究和有效互动。

3. 举办培训者培训班

这种培训主要是由教育行政部门牵头对优秀的培训机构和人员进行系统的、科学的培训。这种培训方式比较高效、便捷，但作为培训的功能和能量在逐级的传递当中会有所流失，甚至是变样。

4. 实行教师培训分级制度

为提高培训的针对性和有效性，需对培训的项目和对象进行科学的分级，如建立学科带头人培训、骨干教师培训、能力提升培训、新教师岗前培训、通用信息技术培训等制度。

（二）教师培训机构的行政管理

作为实现教师培训需求和实施政府教育行政管理部门决策的培训承担机构，必须致力于满足各种培训需求和相应的软硬件建设，主要包括以下三项。

1. 教学、就餐、住宿、交通、娱乐等设施的管理

作为一个教师的培训基地，特别是高级别的培训基地（如省级培训机构），必须在培训对象踏入校园之日起，就能为学员的工作、学习、生活提供全方位的、高质量的、人性化的服务。总的来说应包括：在教学方面，能够提供教学录像拍摄同步的语音音像教室，为教员和学员提供毫无障碍的互动交流设施，提供容纳 150 人的网络平台，实现在教学上的同地或异地同时探究或研讨；在就餐方面，能够提供容纳 500 人的就餐设施，并根据学员的属地情况提供至少为期 1 周不同样式的、各具口味的菜品，而且能够随时满足学员不同形式的就餐方式，如自助餐、圆桌餐、学员加餐或另外聚餐等；在住宿方面，能够按照培训的级别和类别提供不同层次的住宿环境，让学员住得方便、舒适、健康。当然，上面的设想是比较理想化的状态，即使同样是省级的培训机构也因不同的政府政策和自身的财政情况，有些培训机构是无法实现的。

2. 培训教师的信息管理

从学员踏入培训机构大门的那一天起，培训管理机构就必须建立起该学员在今后几年甚至是几十年的培训电子档案。此建议原因有两点。①有利于省、市、县三级培训机构对学员的跟踪调查，以便随时随地开展考察活动，进而评选优秀或监督培训质量。当然，这种设想要实现的前提

是：省、市、县三级培训机构建立起一个共同研发、共同分享的培训信息网络平台。②作为培训机构内部，如果建立起学员的电子档案并通过使用共同信息平台，就能够非常高效、便利地实现对学员的管理和服务，为培训机构节省开支。

3. 管理机构与工作人员的管理

管理的好处来自一个紧密、精简和高效的管理组织。因此，各级小学教师培训管理制度要健全顺畅，纵向与横向以及系统内部的分工要协调合理，才能使整体效果最大化。在人员结构方面，要尽量从年龄、专业、学历、心理、能力等方面筛选出适合小学教师培训管理的人选，形成合理的搭配，建立合理的结构和和谐的梯队，并充分发挥最佳的综合管理效能。对个人管理人员来说，除了专业上具备基本的科学文化知识外，还应掌握基础的小学教师培训管理知识，具有良好的政治、道德品质、心理素质，思维敏捷，创造性思维，具有较强的研究、分析能力，综合能力、组织协调能力、决策能力、人际交往能力等。

（三）教师培训的质量与评价管理

对培训质量的管理和评估主要依赖于对培训有效性的评估。教师培训有效性的评价应以培训各方的满意度为基础，培训各方的满意度包括培训教师的满意度、受训教师的满意度、送培学校的满意度和教育主管部门的满意度。

1. 培训教师满意度的衡量标准

主要包括：培训教师的讲课方法、培训与现实工作的结合程度、时间安排等，这是培训管理有效性的核心所在。对小学培训教师的考核是教师培训决策机构的重要工作，而培训教师的质量直接影响到我国小学教师培训工作的顺利进行，影响着我国广大小学教师培训质量的提高。对培训教师的考核主要从学历水平、科研成果以及实际教学能力三方面进行，从整体上考核培训师资的质量。考核的方式包括：硬件（学历、科研成果）、继续教育办学机构对于教师的综合测评、培训学员对于教师的综合测评，这三方面各占一定的比例，根据综合成绩评定教师。

2. 受训教师满意度的衡量标准

主要包括：对教师培训的课程设置、对教师培训的后勤管理、对教师培训和教师本职工作间的实用性、对培训师资以及培训针对性等。这也是教师培训管理有效性的一个重要体现。

3. 送培学校满意度的衡量标准

主要包括对整个教师培训管理过程的有序和有效性的满意度、对受训教师通过培训后在教学工作中取得进步的满意度、对通过教师培训管理给学校教学工作带来的质量提升的满意度以及通过教师培训管理受训教师整体水平提高的满意度等方面。可以从笔纸测验、问卷调查以及心得报告中获得受训教师的个人绩效及其组织绩效提升的程度来做出分析，还有"技能竞赛"的成绩和学期教学质量的评估情况等，都可作为送培学校满意度的衡量标准。

4. 教育主管部门满意度的衡量标准

主要是教师培训管理有效性的参考标准。对于该标准，可以从以下几个方面考虑：学校教师培训管理工作的地位和教师培训的理解，新课程改革内容占有一定比例，培训的内容小学新课程改革的实际水平实现，所有培训管理系统是合理的，培训计划和培训任务是否规范，培训质量检查和考核工作，参与教师的学校状态管理，培训资金是否有保障，培训率和完成率，教师培训工作是否能有效促进当地教育教学的发展等。

二、教师培训管理模式的构建

小学教师培训管理有着它自身的特点，从而使培训管理工作在教育的内、外部规律的制约和影响下，有许多相应的微观管理规律可循。

（一）目标管理

当教师培训需求被确定后，在培训实施方案中，制定明确的培训目标至关重要。通常，制定培训目标需要注意以下方面。

1. 目标要具体

有效的培训目标是用动词描述培训对象行为变化情况，通过清晰、精练和准确的文字、数字、图表等明确地表述出来。例如，"90% 以上的学员学会独自设计交互式教学教案""初步了解小学语文新课程标准与旧版教学计划之间的显著区别"等。目标描述时切忌抽象、模糊、庞大和泛泛。"学员开阔了知识视野，收获很大，进步很快""学员教学水平提高很快"等表述显得"虚""大""空"，是我们在表述有效培训目标时需要避免的错误。

2. 目标可评估

培训目标应与预期的培训结果一致，培训者和受训者都能清楚地意识到整个培训活动是按照计划进行的。可评估的目标有的在培训后立即实现，有的在培训后一段时间甚至更长时间才能实现。然而，对培训计划来说，重要的是要说明实现培训目标的具体时间，并为关键步骤的实施制定明确的时间表。对于输出结果可以通过训练前后的学生测试进行对比，了解学生的进步程度；我们也可以通过让学生回到自己的教学课堂来观察一些教学技能的改善和提高；还可以通过学生的其他工作行为和学习成绩来体现。至于"提高教师综合素质""教师的职业道德水平得到发展""扩大教师知识视野"等抽象表述，既没有提出明确的达成时间，也没有表述具体的产出成果，难以作为培训目标进行评估，因而，不能将之归入目标之列。

3. 目标易实现

培训目标与学员的生活经历和认知背景相一致，与学员的个人兴趣和专业发展兴趣密切相关，因此学员会有足够的动力，愿意朝着目标努力，容易达到预期。此外，不同类型的培训目标实现起来也会有很大的难度。一般来说，知识目标是比较容易实现的。培训结束后，学生可以知道为什么会实现，然后通过考试或测试来判断目标是否实现。技能目标的实现需要一段时间的经验和实践，往往很难通过短期培训项目中的知识讲座来实现。情感、态度、价值观目标的达成需要特殊培训情景和培训者很强感染力的支持，制定这类"软性"培训目标需要慎重考虑实现的可能性。

（二）过程管理

小学教师培训实施"目标管理"固然是重要，是基础，但"过程管理"却更不容忽视，因为它是小学教师培训整个管理工作的关键。管理的目标制定后，关键在于实施过程中给予及时、正确的指导，使小学教师培训整个管理工作自始至终沿着既定的目标向前推进，进而按期达到目标。管理过程是管理职能与活动环节的有机结合。管理过程的活动是管理者与管理对象双边为实现目标而按一定程序开展的持续进行的活动，并按阶段形成一个管理周期。

1. 要指导制订出具体的实施计划

计划是管理过程的一个组成部分，是管理的基本活动，是管理工作的起始环节，是全过程的起点。管理者应紧紧围绕管理目标这个中心，切实掌握"对象清"（培训对象的情况要清晰）、"政策明"（政府和行政管理部门的政策要明确）和"合规律"（主要是符合教育规律）这三条原则，并根据上一个管理周期所总结出来的问题进行具体分析、提炼，再上升到理论高度来指导制订出具体、合理的实施计划，以确保计划既科学又可行。

2. 要指导计划的实行

实施是整个管理周期的中心环节或阶段。在这个阶段，计划变成行动，愿景变成现实。管理者应花费巨大的精力来指导计划的实施，在实施过程中进行有效的管理和控制，随时掌握动态信息，并通过信息的传递和反馈，进行组织、指导、协调、激励、教育等活动。

3. 要指导计划实行过程中的检查环节

检查作为管理周期中活动整个过程的一部分，具有对下属的监督和评价功能，也具有对管理者自身管理水平的衡量功能。在实施过程中不断检查将有助于计划的顺利实施。同时，检查是总结阶段工作的前提，没有检查，就没有总结；没有仔细的检查，不可能产生一个像样的总结。

4. 要指导做好总结工作

总结是管理周期过程的结束，是回顾的延续。通过总结评估工作的整个过程的状态，做出全面、适当的评价，也就是说，工作的过程及其结果的定性评估和定量评估，然后进一步探讨法治管理工作，让它成为下一轮工作的基础。因此，指导总结环节的管理是极其重要的，它可以使整个管理工作自始至终沿着既定的目标向前推进，最终达到目标。

（三）分级负责

小学教师培训管理采取的"分级负责"制是做好培训工作的根本保证。"分级负责"就意味着将管理职责分解至管理机构中的每一级乃至每一个人，使每一级及每一个管理人员在管理工作中各司其职，切实担负起应有的管理职责，以确保培训工作的顺利开展。

第一，作为管理机构的最高级，学校要有主要领导专职负责小学教师培训工作，以保证能专心致志地负起培训管理工作的领导责任。而且，学校领导集体应定期召开小学教师培训工作会议，以分析、研究和解决培训管理工作中可能出现的种种问题，并及时部署各个阶段的培训工作。

第二，分级负责在管理机构的横向设置中要实行归口管理。在没有设置教师培训机构的学校中，应由学校教务处直接负责；在设有教师培训机构的学校中，应由教师培训机构直接负责。这归口管理机构对上是接受学校及学校分管领导的领导，对横向应负责组织、协调各部（系、学科）的小学教师培训工作，对下是负责领导本机构内所分管的培训管理工作。

第三，归口管理机构及各部（系、学科）直接负责培训管理工作，应负起本部门、本机构内所应承担的培训领导责任，并将本部门、本机构所应承担的培训管理工作再逐级分解以至落实到每一个管理人员，使每一项管理工作都有专人负责，保证培训工作得以正常开展、培训管理工作得以顺利进行、培训任务得以圆满完成。

三、教师培训管理模式的运行保障

管理是思想上的哲学，理论上的科学，操作上的艺术。教师培训管理模式的构建是否合理，管理的哲学性、科学性、尤其是艺术性能否发挥，是教师培训成功的关键。如何运作和运行管理模式，应该主要包括哪些？

（一）制度建设是前提

为了保证小学教师培训过程中的目标管理，必须加强培训管理体系建设，保证培训的依法实施。制度建设应包括国家和地方省、市、县各级培训管理体系的建设，重点是法律维度的建设。培训机构除依法开展培训外，还应根据当地政府的实际情况和自身需要，制定地方性补充法律法规。

（二）管理程序是核心

在整个教师培训管理模式的系统当中管理程序是极为关键的要素，所以理顺管理程序是科学管理的重要体现。这就要求我们在培训管理中要讲究科学，按教育规律办事，按一定的管理程序办事。首先，要理顺管理程序，以避免管理工作中出现盲目性和混乱性。其次，健全管理措施。管理措施涉及比较广，有校园内培训、生活、工作、娱乐等方面的，也有"学员原单位与培训单位双向联系情况""学员跟踪培养情况"等方面的。它们是有序管理的记录和见证，是依法施训的具体体现，并对培训及管理工作起到一定的促进作用，有利于管理中实行过程指导。

（三）档案系统是保障

小学教师培训管理要实行"分级负责"，将管理职责分解至管理机构中的每一级乃至每一个人，而每一级、每一个人的管理活动相对独立，为了体现管理活动的完整性，必须建立统一的文件系统，这个文件系统可以由学校各相关职能部门共享。但是，每个部门根据其管理的功能对文件系统拥有不同的权限，例如，修改信息的权限只能是直接负责培训的职能部门，如物流管理，不能修改，这有利于重点中学教师的跟踪和培训。档案制度的建立也是科学管理的重要体现。管理是历史的记录，历史是管理工作的见证。管理工作的成果和得失是通过事实来反映的，通过文字、图片、音视频等文件的记录和实物来反映。也就是说，该文件是管理整个过程的记录和历史的见证，所以，要确保做好文档和提交文件，各级、各部门应与负责的人负责，以确保教师培训文件系统建立和完善规章制度，为今后跟踪培训提供了依据、条件，保持跟踪培训的有序延续和有机结合。同时，每一个经理还必须有档案，每做一份工作，每处理一件事时，应该注意认真收集、整理信息，为了满足归档的要求和需要，在特定的反映无纸化办公的趋势下，专注于电子文件的安排。

第三节 新课程背景下教师专业化及其专业发展对策

教师专业化及其专业发展是教师教育改革的核心问题。加强教师专业化建设是提高教师社会地位的需要，也是加快我国教师教育发展、促进教师素质提高的重要举措。

一、教师专业化及其专业发展的基本含义和要求

教师专业化，主要包括三个层面，一是指教师个体专业水平提高的过程；二是指教师群体专业水平提高的过程；三是指教师职业专业地位的确立和提高的过程。三个层次之间紧密联系，互相促进，共同发展，构成了教师专业化及其专业发展的过程体系。

"教师专业化"与"教师专业发展"这两个概念有共同之处，均指加强教师专业性的过程。但两者之间有一定的区别：教师专业化主要强调教师群体的、外在的专业性提升，最终体现在社会对教师职业的看法，更多是从社会学角度加以考虑的；而教师专业发展，主要指教师个体的、内在的专业化提高，是教师专业化水平不断提高的过程，更多是从教育学维度加以界定。20世纪80年代以来，随着教师专业发展研究的深入进行，教师专业化的重心已从教师群体的专业化策略转向教师个体的发展，强调教师个体的、内在的专业化提高，更加关注教师的专业发展。

从美国学者科尔文等人所提出的"专业"的标准，可以看到一个职业要成为专业，应当具备以下五个方面的特征：①公众提供服务，可以成为

终身投入的事业；②具有专门的知识和技能，非一般人可以轻易获得；③能够投入大量精力进行研究，并将理论应用于实践中；④有足够长的专业受训时间；⑤对工作和顾客负责并注重服务质量。

以上标准为我们勾勒出了一个理想的职业专业化状态，对探讨教师的专业化具有一定的借鉴意义。将教师职业与之相比，我们可以看出来教师不仅仅是一种职业，更是一种特别的"专业"。教师专业化的基本要求，主要体现在以下方面。

（一）具有较强的专业精神

教师对教学及学生尽职尽责，尊重学生的个性、因材施教，平等对待学生，关注学生的发展；教师把"教书育人"作为终生奋斗的事业。

（二）具有较强的专业知识和能力

教师应具有较强的教学设计理论以及教学分析与设计能力，具有较强的信息技术应用能力、班主任工作能力、教学活动组织与引导能力、教学反思和研究能力、课程开发能力等。

（三）具备较强的教学实施与实践能力

在管理与督导学生学习的过程中，能运用现代教学理论和教学方法，有效地实现教学目标；能够协调群组学习，能够激励学生自主学习，能够指导学生开展探究学习，能组织评估学习过程，并能够根据教学目标策划有效的学习活动，使教学活动成为有计划的设计行为。

（四）具有强烈的责任心

能对学校负责，对学生和家长负责，努力培养出家长和社会满意的人才。

因此，教师有明确的服务对象，有自己的理想追求和专业规范意识，有深厚的专业知识和教育理论，有高度熟练的专业技能和教学，有较高的教学反思和研究能力，其专业性、学科充分显示了教师专业具有不可替代的独立特征，充分体现了教师专业专业化的重要性和必然性。

然而，随着基础教育课程改革的深入和教育信息化的发展，对教师的专业发展提出了新的更高的要求。

二、新课程背景下教师专业发展的对策

新课程背景下教师专业发展的对策，可概括为以下三个方面。

（一）树立"教师教育"的新理念，促进职前与职后教育的一体化

"教师教育"的新理念，是教师专业化对我们提出的新要求。因此，高师毕业生不能立即适应小学的教学现实，有必要通过职后继续教育促进新教师的专业发展。随着新课程改革的深入，对教师的角色和专业发展提出了新的要求。教师还必须通过离职后继续教育掌握新课程改革的理念和方法，才能站在新课程改革的浪潮中。在知识经济日益发展的今天，必须实现由"师范教育"到"教师教育"的观念更新，确立教师教育的新理念。师范教育必须吸取教师专业化，教师教育职前、职后一体化的终身教育理念等新的教师教育观念。

教师教育职前、职后一体化的教育理念包括：教师职前培养、入职教育和职后提高的一体化，即学历教育和非学历教育的一体化。从目前状况来看，我国的师范教育基本上还是一种"终结性"教育，职前与职后教育脱节，机制机构分离，课程自成体系，低水平重复或相互割裂，造成了职前教育低能、职后培训低效的结果，严重影响了教师专业发展。虽然，教师的职前、职后教育有不同的目标和内容体系，但二者应当是统一的、有机衔接的。教师职前教育应使学生具备未来教师职业生涯所必需的大部分或全部能力，并具备专业学习和发展所必需的知识结构和态度。教师的离职教育不仅要提高学历水平，还要提高教学能力和职业适应能力。注重学

习新理论、研究新问题，培养适应新课程改革的教育教学专家。

教师专业发展应强调并追求职前教育与职后培训的融合，使职前教育与职后教育成为一个整体，构成教师职业生涯的整个过程，为不断提高教师专业素质，促进教师专业发展提供条件。

（二）变革教师培训和培养模式，推进教师教育制度创新

随着新课程改革带来的课程体系多样化，特别是主题课程、综合课程和研究性课程的出现，教师培养和培养模式的变革成为课程改革的必然要求。在新课程改革的背景下，教师培训必须打破传统的统一、封闭、理论化、终末期的培训模式，开放培训体系，实现教师培训模式的多样化。把师范教育定向培训与非定向培训、院校培训、校本培训、远程网络培训、研训结合培训、"自修—反思"培训等模式有机结合起来。实践证明，扬长避短地结合各种模式开展教师培训，是提高小学教师素质的最佳途径。

1.教师培养模式

教师培养模式的确立，对教师的培养具有重大意义，可借鉴的模式包括下列四种。

（1）分段培养模式

职前教师培养实行分阶段培养模式，如3+1、4+1、4+2等模式。即首先进行专业学科知识的学习与研究，其次集中进行教育理论与能力的专业性培养，学科学习与专业性培养是继时性地进行的，符合国际上的做法。

（2）共时（态）/平行模式

学术性培养与专业性培养同时或平行地进行，相当于我们当前的师范院校师范生培养体制。

（3）整合模式/一体化模式

学术培养与专业培养以相互配合的方式同时进行，实现理论学习与教育实践一体化。

（4）模块化模式

将教学内容按模块进行学习，并获得相应学分，学完后到小学实习。

2.教师教育制度创新

教师教育制度创新，是教师专业化及专业发展的关键，应注重做好以下两个方面的工作。

（1）教师职前教育制度创新

第一，要搞好教师教育模式的创新。师范院校教师培训应注重以下几个方面。师范院校教师培训应更加关注学生的专业发展，为学生提供更好的发展空间。综合高校对教师的培养，更重要的是加强学生的教学能力，以便更快地胜任教学工作。第二，创新招生制度，通过职业因素分析选择师范生生源，保证教师培训的顺利进行，为教师提供优质生源。第三，注重教师教育模式的创新，将学年学分制改为学分制，注重培养综合性、研究型教师。第四，要加强师范生教育方法的创新，加强师范生教育与基础教育的联系，改变传统的教学手段和方法，在实践中培养师范生的创新精神和创新能力。

（2）教师职后继续教育制度创新

一是教师在教育上要转变教育观念和知识规范培训，形成新的教育体系，要制定明确的方针、政策和法规，建立完善的组织管理制度和实施机构，有政府财政资金保障，逐步建立和完善评价体系，明确继续教育培养目标和教学计划，促进教师专业发展。二是注重培养模式的创新，加强校本培训，重视教师行动研究，更好地反映和改进教学，从而提高教师的教学实践水平和教学质量。三是加强和重视教师在教育方式上的创新，倡导参与式培训方法，如用讨论式、案例式、see式、通过讨论式、头脑风暴式、互动式教学、案例式、操作式教学、信息处理式、自主学习式，如采用新颖有效的方法，提高培训效果和质量。四是科学研究促进教师专业发展。教师通过参与教育科研，可以提高教学科研和实践能力，促进教师的专业发展。

（三）完善教师教育的内容体系，构建教师教育专业课程结构

教师专业化是提高教师素质和教育质量的重要途径。完善教师教育内容，构建教师教育课程结构是教师专业发展的重要保障。教师教育的内容应该包括下列五点。

1. 教育专题

我们要把教师培养成实践者，通过对教育课题的研究，不断更新教育观念，掌握教育学习的基本理论和方法。

2. 学科教学法

包括学科课程标准、学科教学的方法和教师技能的掌握与学习，教师教育不能脱离教学实际和学科知识，本部分内容的教学，应由学科领域的优秀教师来承担。

3. 教育教学实习

教师教育应该通过一个非常严格的和一定时间的教育实践。为了培养学生的教学实践能力，这部分内容的指导教师应该是优秀的，合格的，实际的小学教育密切相关，有专业和教育理论水平的教师。

专业课程设置是体现教师专业化的中心环节。体现师范教育专业特色的课程结构应包括以下内容：普通文化课程、学科专业课程、教育学科课程、教育技能课程和教育实践课程。普通文化课程、学科专业课程是教师教育的基础和必要课程。教育学科课程、教育技能课程和教育实践课程是师范教育专业的标志性必备课程。教师只有具备这五个方面的知识结构和能力，才能成为一名合格的教师。

4.构建教师继续教育的机制和发展平台，促进教师专业发展构建

有效的教师继续教育的机制和发展平台，对教师队伍的综合素质和整体水平的提高，对深化基础教育改革和发展、推动新课程的实施、促进教师的专业发展，具有重要的意义和作用。

构建有效的教师继续教育机制主要有：一是建构有效的教师学习机制，学校可以通过经济手段、行政手段及良好制度的建立，鼓励教师主动参与学习，提高教师继续教育的学习兴趣和效率；二是建立科学合理的竞争激励机制，通过参与激励、赞扬激励、选拔激励、竞争激励、奖惩激励、成就激励、评价激励等激励方式，增强教师参与继续教育的动力；三是制定发展性教师评价机制，构建发展性教师评价体系，从教师教学的不同环节和方面，制定评价的指标，评价机制应注重个性差异，实行教师分类型管理，分层次评价。根据教师的基本情况，可把教师分为入职型、达标型、骨干型及名师型等类别，根据不同地域教师的不同特点和不同发展要求，进行分类管理、分类培训，共同提高。

建构教师继续教育的发展平台有三个方面。一是构建教育培训平台，针对不同层次发展的教师，搭建不同的培训平台。如为全体教师搭建信息技术培训平台、教育技术能力培训平台、新课程通识培训平台和新一轮继续教育培训的平台；为青年教师搭建"快速成长"平台等；为骨干教师搭建名师授课及研修交流的平台等。二是建构信息化平台，运用信息技术为学习者的学习提供认知工具，为教师的教学提供知识管理平台，并通过网络平台构建教育 Blog，把教育叙事与网络技术相结合，促进教师的教育反思与交流。三是构建合作交流与研究平台，通过网络构建学习型教研组以及学习型研究团队，形成一种相互协作、相互交流、分享经验、相互促进的新型的学习型组织，开展教学研究及交流，不断反思和自我提高，有效地促进教师的专业成长。

5. 构建促进教师专业化的制度规范与保障体系，提高教师的专业化水平

教师专业化有赖于教师教育体系的建立和完善。完善教师教育体系，系统构建教师专业化的制度规范和保障体系，是教师专业化和专业发展的有力支撑和保障。从目前来看，我国的教师教育课程评价体系、教师教育水平等级评价体系等仍需进一步加强和完善。

建立健全教师专业体系保障体系。首先，从教师教育专业水平的角度出发，需要建立质量保证体系，制定教师专业标准，构建教师教育标准体系，建立教育质量监控机制，从而有效地保障教师的专业水平。其次，建立教师教育准入制度，建立统一规范的教师资格认证制度，制定教师资格考试制度，严格做好入学工作。最后，完善相关管理法规和法律法规。随着社会和教育的发展，我国仍需逐步加强和完善相关制度，以促进教师专业化的发展。

此外，应建立国家和地方教师专业组织。开展教师教育机构资格认证、教师教育质量水平认证和教师教育课程认证是促进我国教师专业化和专业发展的重要途径。例如，美国的教师教育认证委员会负责制定国家统一的教师教育认证标准，对教师教育课程和教学计划的审核，对教师教育机构的认可和评价，完善教师教育计划，提高教师教育机构的专业水平，都是值得借鉴的。

随着我国基础教育向素质教育的转变，基础教育改革对教师素质提出了挑战，提高教师专业水平是唯一的对策。我们坚信，我国的教师教育和教师专业发展将为基础教育带来无限的活力。

第四节　网络环境下教师教育课程研究与开发

　　随着信息技术在教育教学领域的广泛应用和对小学教师继续教育要求的不断深化，网络环境下基于自主学习的教师教育网络课程得到了迅速的发展。网络课程在小学教师教育中的应用取得了长足的进步。

　　基于网络环境的教师教育课程是指适用于各级小学教师和各类培训的网络课程。该课程包括两部分，即根据一定的教学目标和教学策略组织的教学内容和网络教学支持环境。到目前为止，无论是学历教育还是非学历教育;无论是教师系列，还是其他行政管理系列，都开发了大量的网络课程，搭建了各种培训的平台，如国家教育部国家小学教师继续教育干部，中国教育企业，中国教师培训网络，并为各省份、各高校提供继续教育、学术教育平台等。网络教育已成为我国建设学习型社会的重要途径。

一、基于网络环境下教师教育课程类型与适应性分析

（一）网络课程的类型

　　目前，已开发的网络课程类型主要有两大类。

　　一是供学历教育用的网络课程，大多为高等院校用于远程教育的网络课程和近年来开发的精品课程，前者一般为通过课件录编系统录制的教师系列授课课程，这是最原始的远程教育课程形式。这些课程基本上是按教材安排系列讲座，形式上比较单一，只不过是课堂教学换成电脑屏幕教学。

学生观看完所有课程，完成课程作业，参加考试即可获得学分。精品课程是教育部启动的"高等学校教学质量与教学改革工程"项目，旨在通过精品课程建设，推动优质教育资源的共享，使学生得到最好的教育，从而全面提高教学质量。"国家精品课程和省级大部分精品课程"是具有一流教师队伍、一流教学内容、一流教学方法、一流教材、一流教学管理等"五个一流"特点的示范性课程。内容丰富，媒体形式多样，是高质量网络课程。

二是各级各类继续教育专题网络课程，基本上是按学科专题或某一专题设计而开发的课程，大概有三种形式。第一种是简单资料堆积式课程，设计者提供了大量的资源，如专家讲座视频、教学实录、电子演示文稿、课件、论文、习题等，大多为零散式素材，由学员自由选择内容学习。这类课程没进行加工，仅仅是资料的堆积，是最粗放的网络课程。第二种是系列专题视频讲座或系列专题研究类网络课程，这类课程专题性强，内容丰富，许多视频为名家讲座，不少的课程类似于高等院校的精品课程。这类网络课程有的有作业要求，相当一部分无任何学习要求。第三种是任务驱动式网络课程。这类任务驱动设计的专题式课程，针对性强，学习目标明确，通过作业任务、讨论加深对专题学习内容的理解，学习效果较好。

（二）教师教育网络课程适应性分析

以上两类五种网络课程内容丰富，形式多样，质量正在不断提高，已初步形成庞大的远程教育资源库，为形成学习型社会，满足各类人群学习需求奠定了基础。进入 21 世纪以来，特别是启动基础教育课程改革之后，我国加大了小学教师培训的力度和经费的投入，从国家到省、市、县、区，启动了各级各类的名师、骨干教师、学科带头人等培养培训工程，形成了小学教师五年轮训制度。培训形式从单一的集中形式发展到今天的集中与分散相结合、远程研修等多种形式。今后集中培训方式将主要用于高层次的教师培训，远程研修将成为大量小学教师常规培训的主要形式，这就对网络课程提出了更高的要求。

综观已开发的大量网络课程，我们发现如果把以上两类五种网络课程作为教师教育的网络课程还存在着一些问题。所以，要大力推进小学教师远程培训，必须改进培训课程设计，只有提供既适合他们需要，又兼具任务驱动的网络课程，才能提供远程培训的有效性。

二、小学教师远程研修管理平台分析

（一）过程管理问题

大部分远程培训平台流程管理功能还不够强大，只记录学生登录、离线时间和在线学习时间，有些平台流程记录稍好，记录完成作业数量、评论数量、发布博客帖子数量、上传资源数量，下载的文章数量等。一些平台只记录视频观看时间和作业提交次数。这些平台缺乏记录的学生在线学习过程中，学生们在做什么，课程管理人员可以知道，很难给出一个公平合理的学习评价，导致他律和自律和他律的一部分教师引导早晨登录，晚上离线关机，获取上网上课的现象，学习效果并不理想。

（二）教学评价问题

通过比较分析一些常见的管理平台，发现除了北京师范大学的 WebCL 网络教学平台外，其他的教学评价功能都不理想。有些是根据课程学习的长度、讨论的次数和论文提交的次数来评估的。有些教学评估是根据课程学习的时长、提交的作业和学习经验来进行的。有的教学评价通过学习时间、讨论交流、作业、思维练习等方式进行。这些评价的共同特点是持续时间、文本作业、交流和讨论。主要问题是缺乏定量的评价，这需要教师花费大量的时间阅读和批改所有的文本作业。

（三）webCL 网络教学平台的优点、特色

WebCL 网络教学平台是北师大开发的网络协作学习平台。它有着强大的课程支撑功能，人性化的人机操作界面，多种形式的互动交流方式，科学的教学评价管理模块，充分发挥了网络教学优势，开放性、交互性、共享性、协作性和自主性特点突出。WebCL 平台上的课程内容能够让教师方便地进行调整和更换，教师与学生、学生与学生之间便于教与学的交互，通过链接等多种方式可引入丰富的动态学习资源，可以让教师、学生通过讨论、合作、竞争等形式完成一个确定的学习任务，体现自主学习。

1. 课程模块较为完整

课程模块分为基本信息、师生交流、个人学习、小组学习、教学评价五个部分。教师开班开课操作方便、教学管理方便。课程模块具体内容为下列五部分。

基本信息：课程大纲、成员列表、课程日志。

师生交流：课程公告、讨论区、聊天室、课程调查。

个人学习：课程资料、练习作业、活动安排。

小组学习：小组管理、活动安排、协作学习评价。

教学评价：电子学档、平时成绩、成果展示。

2. 教学评价功能特别优秀

这在其他平台上是不可用的，是衡量网络管理平台优点的关键模块。一是电子，综合记录学生学习活动的所有过程，包括学习时间、讨论、实践等各种活动，个人反思等记录，包括主动记录涉及学习者在平台上的所有活动，如登录、下线、浏览什么课程和花了什么时间，发什么论坛，和谁在一起，等等。这样便于教师真正了解学生的学习过程，是否要做，要做什么一目了然。二是平时成绩，即学生阅读课程材料、做作业、参与讨论、

完成练习和课程调查的量化结果。为教师评价自己的学业成绩提供了基本参考。将平时的成绩与电子文件相结合，可以避免混合学习时间、只做作业或抄袭作业、讨论内容等难以监控的现象。有利于监督学生的自主学习和自觉学习，再加上作业、习题、讨论和批改或检查，学生的成绩可以得到更加公正、公正的评价，从而提高远程培训的质量。

3. 形式多样师生交互

WebCL 为教学提供了丰富的交流工具，包括全班异步交流的班级公告、班级讨论区、班级调查，全班同步交流的班级聊天室，个别异步交流的电子邮箱，个别交流的 WebQQ 在线消息等。班级讨论区和 WebQQ 是该平台最优秀的交流模块。

第四章　新时代基础教育课程规划管理

第一节　学校课程规划的问题诊断

学校课程规划对学生、教师和学校都具有重要意义。每一所小学都应该开发自己的、完整的学校课程。学校课程的整体规划可以增强学校课程对学生的适应性，既有利于学生的全面发展，也可以在课程上促进学校特色的发展。

一、学校课程规划存在观念误区

（一）片面理解课程改革方向

深化必修课程改革有完善课程体系、加强课程建设、改进课程实施、改革教学方法和深化评价改革五项任务。然而，在许多学校的课程改革过程中，普遍存在着这样一种误解，即课程改革主要依据的是学校课程表中开设哪些特殊课程，特殊课程越好、越活跃越好，而对课程实施和课程评价的关注较少。事实上，课程改革的重点应该在实施上，教学应该是课程改革的核心。有人曾经把变化描述为一块又大又厚的橡皮，它会被拉长并改变形状。它看起来像是一个突破，但它突然收缩回原来的形状，好像什么都没发生过。本次课程改革的重点是课堂教学。如果我们不能占领改革的最后领域，我们以前的努力就会白费。

（二）没有深入认识改革的意义

国家课程和扩展课程都以学生的核心素质为目标，但国家课程功能比较集中。国家课程占学校课程的 80% 以上，是学校课程的重点。它有统一的课程大纲、明确的课程目标、教学内容、实施建议等，体现了教育目标的统一性和基础性。扩展课程在学校课程中所占比例不到 20%，其课程内容和实施方法更具灵活性和独立性，体现了学校教育的选择性和个性化。然而，在规划学校课程结构时，学校必须考虑到扩展课程的重要性，尤其是一些国家课程难以培养的学生的核心素质。例如，综合素质的培养必须通过延伸的跨学科课程来实施。目前，一些学校开设的拓展性课程，类目很多，但却存在目标含糊的问题。例如，在一些学校的思维拓展课中，一年级学七巧板、二年级学叠杯子、三年级学魔尺、四年级学算 24 点、五年级学魔方、六年级学趣味数学。以内容来划分课程是可以的，但其内在逻辑是应当以学生的发展水平来组织课程。正确的做法是：参照小学生数学素养标准，对于国家课程中难以落实或者没有得到足够重视的课程目标，要通过这些拓展性课程来实现，比如，从三年级学生的智力发展水平来看，其实魔尺、七巧板、魔方等都可以用来开发课程，关键是给孩子设置是怎样的难度，挑战的是哪一层级的目标。另外，目前有些学校反映，部分课程由家长助教或者外聘教师来承担，教学质量难以保证，对于这样的课程，我们更应该思考它存在的意义，如果没有达成育人目标，形同虚设，倒不如不设。

二、学校课程规划缺乏科学的规范

学校课程规划是一项严谨、规范的设计活动，有其基本的规范性要求。首先，学校课程规划应包含基本要素。有人认为学校课程规划有十个基本要素，分别是课程背景、办学理念、办学目标与培养目标、课程理念、课程目标、课程体系、课程结构、课程实施、课程管理与保障、课程评价。也有人将其简化为课程背景分析、课程目标、课程结构、课程实施和课程评价五个要素。一个完整的学校课程规划通常包括以下九个要素：课程背景、办学理念、教育目标、课程目标、课程结构、课程计划、课程实施、课程评价、课程管理和保障。其次，良好的课程规划应使各要素保持整体的一致性，即课程内容的选择和组织、课程实施和课程评价都应以课程目标为基础；课程内容的选择和课程结构的设置都要体现课程目标。课程实施应根据课程内容和课程结构选择相应的实施模式和方法，课程目标的实现应体现在课程实施中。课程评价应根据课程目标和课程设置进行。总之，学校课程规划必须是一个完整的、相互关联的系统，这是学校课程规划规范化的要求。

（一）学校课程目标缺少论证分析

做课程目标时，许多学校只考虑需要达到课程的结束，但小的分析起点的课程，即我们如何的基础和条件，现实和理想的差距在哪里，只有认真分析差距的原因，我们才能找到一条实现课程目标的路径。

也有一些学校虽然做了课程分析，比如，文本中有关于学校办学理念、办学历程、学校课程资源、学生课程需求、教师课程能力的分析，但是不够深入。例如，学生更喜欢那些动手、动脑、参与、体验的课程项目，但是对为什么有这些倾向，这些倾向反映了我们课程建设中存在的哪些问题，我们该如何改进课程等，却分析得不够。如果我们的分析能达到"传统的学校基础课程学习方式比较单一、评价方式不够多元，而拓展性课程却能丰富学生经验、变革学习方式，给予孩子多元的成功体验"这一层面，再以此为拓展性课程开发的要义开设拓展性课程，相信会有更多的课程吸引孩子。

每所学校都有自己的教育理念，从学校的发展愿景到学校的办学理念、教育目标、学生的核心素质目标，再到课程目标和教学目标。可以说，这是一个在各个层次上实施学校教育理念的过程，各个层次的目标应该是密切相关的。人才培养目标反映了学校在一定时期的办学方向和质量水平，是学校教育理念的核心和关键。但是，教育目标简单抽象，课程目标学术性太强。因此，近年来，学生核心素质模型的建立受到了国际社会的关注。从人全面发展的角度出发，界定学校教育应培养人才的基本素质和能力，是教育目标的体现。然而，在指导学校编制学校课程规划的过程中，我们发现一些学校的目标体系设计存在一些错误，具体体现在四种情况下。①只有育人目标，没有提出学生的核心素养。这样的课程规划虽然有了靶心，但对概念内涵界定不清晰，课程建设的着力点不明，学校开发的课程很容易走偏。②照搬国家发布的核心素养，直接将其列为学生核心素养目标。这样导致的结果是无视学校特有的资源，学校没有自己的办学特色。③学校提出自己的发展愿景、办学理念、核心价值观、育人目标、学生核心素养，但是提法众多，概念混淆不清，尤其是学生核心素养，彼此交叉重叠，维度不一，逻辑不清。④学生的核心素养与育人目标匹配度不高。

（二）学校课程实施偏离预定目标

课程建设是为了实现一定的教育目标，学生的核心素质是教育目标的体现，学校必须以学生的核心素质为导向来设置课程。然而，在调查中我们发现，一些学校的课程设置与课程目标存在一定程度的偏离，即课程设置未能达到既定的课程目标，具体表现在以下两个方面：①没有设置与目标相匹配的课程；②没有安排足够的拓展性课程的课时，拓展性课程目标难以达成。

（三）学校课程评价难以发挥功能

许多学校在编制学校课程大纲时，顺应时代潮流，提出了过程评价、绩效评价、多学科评价等评价理念，是对以往评价方法的一种改革。然而，也有一些问题如下。

第一，没有把学生核心素养的达成度作为课程评价的重要依据。

第二，有些学校把学生的满意度作为考核课程的重要指标，但是这样的评价方式真的好吗？例如，一些形式活泼、不需要孩子投入心智的简单课程深受孩子的喜欢，这种迎合孩子娱乐需要的课程对孩子发展的意义何在？

第三，一些学校重视教师的课程评价，而忽视了学校课程评价及其后续指导。许多学校将课程开发的压力转移到教师特别是骨干教师身上，却很少考虑如何搭建平台，为教师完善课程提供机会和创造条件。在只使用了一份评价表后，如何使用它，如何让它成为发现和改进问题的机会，在学校的课程计划中很少提及。

第二节　学校课程规划的改进路径

一、明确办学理念，提炼校本核心素养

近年来，学生的"核心素质"已成为基础教育领域的一个关键词。培养学生核心素质是社会主义核心价值观和党的教育方针确立的教育培养目标的具体化和精细化，是宏观教育理念、培养目标和具体教育教学实践间

的中介环节。通过核心素养的桥梁，将社会主义核心价值观和党的教育方针转化为可以应用于教育教学、便于教育者理解的具体要求，然后落实到各个学习环节、体现在各个学科、并最终实施到学生身上，从而明确学生应具备的特点和关键能力。因此，明确学生的核心素质，结合办学理念，有利于学校进行顶层设计，建立有特色的课程体系。我们认为，学校既有学生发展核心质量这一共同目标，也有学生发展核心质量这一自身特色目标。我们把这种学校特色化的学生发展核心素养目标简称为"校本核心素养"。校本核心素养不是脱离国家学生发展核心素养目标，背离党和国家教育方针，而是学校立足本校的育人传统、办学理念对党和国家教育方针、国家学生发展核心素养目标的校本化、个性化的解读。梳理办学理念，形成校本核心素养目标，有助于建立特色化的课程体系。

二、分析区域课程资源，打造学校课程特色

关于区域课程资源的概念，有批评认为，区域课程资源是指教师、学生、学校所在的特定行政区域的自然条件、社会经济、科技、人文等方面的资源，它反映了广大群众的文化心理，具有一系列积极的教育意义。具体地说，包括有利于课程目标实现的地方历史、地理、物种生态、文化习俗、人物习俗、生活生产经历、社会技术进步等物质和非物质因素。有人认为，区域课程资源主要是指课程的地方知识来源。区域课程资源实际上是一种地方课程资源，它包含在当地人民在生产生活中形成的一切认知资源中，具有地域性、整体性和非科学性的特点。

三、依托课程群，优化学校课程结构

课程群是指为完善学生的素养结构，围绕同一学科或主题（领域），将

与该学科或主题（领域）具有逻辑联系的若干课程在目标、内容、实施方式、评价等方面进行重新规划、整合构建而形成的有机的课程系统。采用课程群概念的目的是促进学校加强课程建设的系统性和逻辑性，避免碎片化和拼盘式现象，最终达到优化学校课程总体架构的目标。

四、科学规划课时，确保拓展性课程有效实施

拓展性课程是学校为学生提供的自主学习的课程。学校应该确保他们有足够的时间进行拓展项目。随着小学课程实施的广泛变化，学校的富余班也有所不同，学校在课程实施中不能做简单的加减法，在课时上要减或增，课程政策必须根据教育部、省教育厅的规定，结合学校具体课程的实施情况，科学规划，确保拓展课程有效实施。

五、推动真实多样评价，促进学生个性化发展

完善的课程评价有利于学校课程建设的发展。构建学生评价体系，注重学生情绪、态度和行为模式的发展；重视过程评价，客观记录学生的发展轨迹和成长过程；充分发挥学生作业、作业、活动记录的评价功能，将学生自我评价、相互评价、教师评价、家长评价有机结合。强调评价的过程性和全面性，引导学生主动学习，促进学生全面发展，突出学生个性。课程本身评价的主要目的是获取反馈信息，从而改进教与学，保证学校课程目标的实现，帮助创设更好的下一轮课程。

在教师方面，应建立促进教师发展的课程评价体系。根据学生的学习情况和学习效果，对教师的教学效果进行评价，从而帮助教师改进课程设置的形式和内容以及课堂教学行为，引导教师更好地促进拓展性课程的发展和建设。建立以教师自我评价为基础，学校、教师、学生共同参与的评

价体系，使教师多方面、多层次地完善课程和教学，不断提高课程开发的能力和水平。

第三节　学校课程规划的改进效果

一、提高了对拓展性课程的认识

拓展性课程是学校提供给学生自主选择的学习内容。"学校提供"意味着什么？首先，从课程管理的角度来看，它意味着学校是拓展性课程领导与管理的行为主体。从教育部规定的课程管理三级体系来看，拓展性课程无疑不属于国家课程、地方课程，而应纳入学校课程的管理范围。学校是拓展性课程的供给主体，说明学校享有开发和开设拓展性课程的权利，对拓展性课程的目标设置、内容规划、实施方式和评价方案具有课程决策权力。明晰了这一点，有助于义务教育阶段的学校正确地行使教育行政部门所赋予的学校课程建设的权限，以及保障学校在规定权限内能有所作为。事实上，有些学校并没有深刻理解"学校提供"所蕴含的深层意义，把学校提供拓展性课程理解为或等同于教师开发拓展性课程，学校领导层做起了"甩手掌柜"，完全由教师自行开发和开设课程。其结果是，学校课程门数众多，散乱无序，质量低下。这表明学校没有主动、有目的地规划拓展性课程的开发，也放弃了对拓展性课程能否开设进行必要审查和监督的权力。这是学校缺乏课程管理权意识的表现。

学校不仅应享有开发和开设课外课程的权利，还应承担为未成年人提供高质量、无毒的课外课程的相应义务。同时，学校是安全拓展课程开发和开放的主体。学生是未成年人，所以他们缺乏足够的理由来判断扩展课程的质量。学生的父母不是专业人士，所以很难区分延长课程的优点和缺点。如果学校不关心课外课程的安全，不监督课外课程的质量，就很难保证学生的身心健康不受到不良课程的威胁。明确的问题容易消除，但潜在的危险很难预防。除某些特殊情况外，课程中的许多不安全因素都是由无意识引起的。产生这种无意识的原因有很多，一般来说，有以下几种基本情况。

第一，有些老师有错误的价值观，但他们认为他们是正确的。教师在拓展课程的开发过程中添加这些价值观，必然会影响学生正确价值观的形成和发展。此外，一些教师缺乏课程开发的基本概念，把正确但不适合现阶段学生的课程纳入到扩展课程中，给学生造成不必要的身心伤害。明显的校园食品安全问题容易预防，而隐藏的学校课程安全问题却难以监控。这就要求学校更加重视拓展课程、安全与食品安全课程的质量问题，提出建立新的课程质量标准，完善拓展课程集体商议机制，加强拓展课程实施的日常管理，尽可能排除每一拓展课程中可能存在的安全隐患，拔出危害学生身心健康分数的毒草，尽可能提高每一拓展课程的质量，确保学生安全、有益地学习。

第二，从课程功能的角度来看，它意味着学校提供的拓展课程必须满足学校的课程需求。学校应坚持校本课程供给的定位，开发和设置以地方需求为导向的课程。在这种情况下，学校应该提供特定的课程，而不是普遍的课程。学生要学，学校要开，这大概不是学校课程供给的方向。因此，拓展课程的开发和开设不应该被别人效仿，也不应该照搬别人的课程。一些学校盲目追新，什么课程时髦，就开设什么课程，名校开什么课程，就复制什么课程，把全部的精力用在"引进"其他学校课程上，完全不考虑自己学校的实际课程需求，这是一种错误的拓展性课程开发方向。评估延长课程的卓越，我们不仅要研究课程内部元素的主题选择和内容扩展等，而且要检查过程的水平反映了学校的课程需要从整体的角度来看学校的课程计划。那么，学校的课程需求是什么呢？不同的学校对需求的理解不同。

有的学校从学校特色教育理念和目标的角度看待课程需求，认为延伸课程是实现校本教育目标的手段，体现办学特色。例如，一些学校创建了手球校园特色，手球课程成为这一校本特色的有力支撑。这种理解在一定程度上是合理的，但我们认为课程最终是为学生服务的，扩展课程应该满足不同学校不同学生个性发展的需要。归根结底，扩展课程是以学生为基础的课程。

开发可扩展课程，学校首先要关注学生需要开发什么，其次再看哪些外部项目可以直接用于满足学生的需求，哪些需要根据学校的资源进行开发。我们并不是说学校不应注意课程在学校的发展，也不应该介绍一下其他学校的课程，而是首先需要看内部而不是外部。学校拓展课程的开发不仅要关注课程理念是否非常前沿、课程内容是否具有特色、课程实施是否能够产生影响，还应扎实研究学生的课程需求将其作为学校拓展课程开发的首要任务，最重要的任务来对待。学校应研究学生的课程需求，实现课程的精准供给，以课程的精准供给创造学校扩展课程的特色。

第三，从学校的功能定位来看，学校开设的课程应体现学校的特点和学校的教育目标。普通小学的目标是满足道德培养的要求，培养学生的核心素质。因此，学校扩展课程的开发应以培养学生的核心素质为导向。既要满足学生兴趣特长发展的需要，又要满足学生健康成长的需要，从而培养学生的核心素质。然而，有些学校对扩展课程的学习内容十分重视，却忽视了课程的质量目标，导致扩展课程的内容过于专业，课程的目的在培养一些实用技能上是片面的。杜威曾指出，小学开设此类课程的主要目的不是为了培养职业技能，而是为了培养学生的判断力和道德感。用今天的语言来表达，就是根据学生智力和道德素质的发展来设置的课程。

"学生自主选择"意味着什么？它意味着课程开发者需要思考学习者以何种方式接受课程。拓展性课程应是供学生自主选择的课程。简单地说，扩展课程是一所学校针对特定学生群开设的课程。对所有学生开放的必修课应归类为基础课程。选择性应是扩展课程的核心属性，也是区分扩展课程与校本课程概念的关键。改革开放以来，我国的基础教育蓬勃发展，取得了巨大成就。教育质量显著提高，为学生的发展奠定了坚实基础。然而，不可否认的是，目前的基础教育仍然存在一些问题。突出的问题之一是学生的差异化发展和个性化发展还不够，学生的个人学习潜力和个性特长没有得到更好的发展。扩展课程是促进学生全面、个性发展的载体，旨在实现选择性教育的理念。坚持拓展课程的选择性，是坚持课程改革的基本方向，是落实以德育人的根本任务。

"学习内容"又意味着什么？它表明学校提供的拓展性课程要切实促进学生的学习，提供有助于学生学习的真实内容，不能徒有课程之名，而无课程之实。美国课程专家泰勒曾提出编制一门课程需要考虑四个基本问题。

第一，学校应该达到哪些教育目标？

第二，提供哪些教育经验才能实现这些目标？

第三，怎样才能有效地组织这些教育经验？

第四，我们怎样才能确定这些目标正在得到实现？

其中第二、第三个问题是课程编制过程中最为关键的问题，这两个问题涉及的就是课程的学习内容，并且这两个问题是课程的关键组成部分，也是课程区别于其他教育概念的关键所在。缺乏实质性学习内容的课程难以称为课程。关于学习内容是什么，在课程论上存在分歧。有人认为学习内容是学科知识，也有人赞同学习内容是学生的学习经验。后者在小学拥有众多支持者。将学生的学习经验视为课程，是对课程概念做出了广义理解。这种课程认识观有助于学校开阔视野，丰富学校的课程形态。但是，不是学生所有的经验都是课程。课程主要涉及教育性经验，是对学生身心发展起到真实作用的经验。我们看到，一些学校认为一切经验皆课程，将学生参与的所有活动都冠以某某课程的称谓，实则泛化了课程的概念。比如，有的学校将春游活动设置为课程，这是值得商榷的。一般意义上的春游活动主要是为了使学生放松心情、欣赏春景，它虽有价值，但没有明显的实质性学习内容，不应属于课程范畴。但是不可否认，春游活动可以作为某些课程运作的活动载体，比如，在春游过程中，设置语文实践活动，组织诵诗会等。

总之，基于上述拓展性课程的定义分析，我们不难发现拓展性课程开发对于学校的特色发展、学生的个性培养具有重要的现实意义。因此，学校开发拓展性课程不能草率从事，需要增强课程质量意识，关注学生对课程的需求，指向核心素养发展，落实学生的课程选择权，设置真实的学习内容，做到有效地开发和开设拓展性课程，丰富学生的学习生活，发展学生的兴趣和提升学生的能力。

二、探索了教师发展的形态

教师教育课程的转型升级，关键在于变革学习者的学习方式，而探究式学习需要专家持续地跟踪指导。大学的理论专家与小学教师拥有不同的"知识"，在实践中，两者的合作其实并不那么顺畅，对于专家的要求，小学教师有时会觉得遥不可及、不切实际；而对于小学教师的想法，专家有时又会觉得墨守成规、缺少变革与创新。在这个过程中，重要的是要进行平等的对话与交流。即使双方不能总达成共识，但相互交流本身就具有潜在的教育意义：它会为教师提供更加广阔的知识视野，激发他们对自己的教育教学行为进行更加审慎的反思，也会使学者看到理论怎样遭遇实践逻辑的阻隔，避免沉溺于纯粹的理论探讨，增强对教育实践的理论洞察力。实践证明，长期的跟踪指导、对话交流，能让实践者与研究者彼此慢慢同化对方的观念，找到彼此合作的最佳方式，最终取得满意的成效。

有效的培训必须是让"学习"在参训者身上真实发生。学习是需要有情境的，也是需要提供支架的，更是需要进行检测的。课程素养提升班每一期都聚焦一项核心任务，没完成任务，论证审核不过关，学员考核不合格。学习成果的汇编，让参训者的学习成效跃然纸上，因此各校不敢应付了事，而是主动地参与到课程中来。即便有时落下了某个专家的课程，其依然会主动地索取课件资料在课后学习。专家的一对一现场诊断更是深受学员的追捧，因为大家都知道专家的意见直接决定了其后期改进的质量。在培训中，我们不仅规定了统一的成果形式，还让参训者根据个人需求申报个性化的成果，这更激发了其学习兴趣，让他们真正实现了个人需求与组织需求的整合统一，其学习的主动性、自主性不言而喻。所以，以成果为导向的驱动式学习是凸显以学习者为中心的有效方式。

三、发现了课程改革中存在的新问题

发现问题，就是发现新的发展空间。课程改革不是一蹴而就的。不断发现问题，改进实践，是课程改革的基本路径。课题研究使我们更加清楚地认识到课程改革仍然存在这样或那样的问题。课程改革势在必行，但道路并不平坦，虽然学校是课程建设的主要实施者，但课程改革中的一些矛盾和问题不是学校单方面去解决的，需要系统的思考，联合专业指导行政部门、事业单位、学校、整体思维，推进系统。

（一）加大课程改革的保障力度

在对小学的调查中，很多校长都提到师资薄弱是学校课程开发的不足，表现在教师年龄结构不平衡、学科发展不平衡、教师专业素质不平衡。特别是一些校长反映，新聘任的体育教师笔试分数高，技能差，根本不具备带领团队、指导比赛的能力。因此，如何完善教师入职机制，让有专业知识的教师进入制度，是行政机关需要进一步思考的问题。与此同时，一些校长表示，在课程改革的过程中，很多教师认为好的国家课程是他们的职责，开设扩展课程是学校安排的一项额外工作。没有额外的补贴，教师的积极性很难调动起来。因此，行政部门需要做出总体规划，决定是发布相关文件明确教师在课程建设中的责任，还是允许学校给予教师一定的课时补贴。

另外，各校在选课的过程中普遍反映手工选课手续繁杂，急需智能化的选课软件，课程建设中学校的课程资源（如阅览室、实验室、专用教室、活动场地、区域场馆资源等）急需新建、整合、协调……这一系列问题都需要行政层面的支持，只有让校长专心做业务的事，免除他们的后顾之忧，我们的课程改革才能取得实效。

（二）提高教研部门的指导能力

在学校课程规划推进过程中，我们深感课程改革之难，在于难以冲破思想的樊篱。一些学校的校长和教师本身不愿意接受新事物，对课程改革持质疑和观望的态度，认为它只是一阵风，刮不长久；或者让别人先试，自己暂时不动，消极应付。因此，区域业务指导机构要充分发挥自己指导、服务的功能，要组织一系列的课程改革专题培训，让基层校长认识到课程改革的意义，从内心认可课程改革，帮助他们确立行动的目标；要主动走下去调研学校当前存在的误区和难点，并有针对性地开展业务上的指导，帮助学校寻找冲破障碍的行动策略；要在县域内营造课程改革的氛围，发现各校在课程改革推进过程中的亮点，帮助他们梳理成果，为他们提供交流的平台，让他们的经验在区域内得到推广，让学校有底气、有信心、有动力地持续开展工作。

（三）落实学校课程规划的主体责任

学校是课程建设的主力军，课程改革成败关键要看学校。在历时半年的大学、中学、小学合作中，象山县涌现出一批优秀的学校，其不断更新理念，扎实地开展调研论证，认真地总结工作中的得失，在课程改革方面表现出极大的热情。但是，不可否认，还是有一些学校不够主动，指望专家给学校支着儿，把希望寄托在别人身上，在讨论行动方案时，动辄抱怨学校里没有能人，没有财权，而很少主动去分析学校潜在的资源和优势。在我们看来，学校的态度决定了课程改革推进的力度，认识的深度决定了课程改革发展的程度。师资薄弱，我们就要加大校本培训的力度，学校自身条件有限，我们就要充分利用周边的资源，每所学校都有自己特殊的校情，劣势可以转化成优势，困难可以变成动力，关键是学校有没有去发现教师的潜力，有没有营造课程改革的氛围，有没有变革工作机制去推进改革。学生是课程的最终受益者，学校是最接近课程内核的基层组织，其最有机会、有潜力去创造实践。因此，学校应摆正自己的位置，直面疑难问题，以不甘平庸、争创一流的精神，与时俱进，勇于开拓。

第四节　活动课程分析

中国传统德育主要是一种说教式德育。说教式德育可以让学生掌握系统的道德知识，但却难以有效激发学生的道德兴趣，难以有效提升学生的道德能力。生活德育是基于生活，通过生活，为了生活的德育。生活德育能有效激发学生的兴趣，提高德育实效。因此，生活德育理念提出后不久就得到了上自国家、下自学校的大力支持和推进。

不过很多教育实践工作者往往把生活德育简化为活动德育。活动德育是生活德育的重要方式，但不是最重要的方式。相对于说教式德育，活动德育更能吸引学生的兴趣，增强德育的实效性。但是活动德育也带来了诸多问题，它很容易导致学校德育缺乏体系，学校德育工作随意，也在一定程度上阻碍了德育实效性的增强。为了解决这些问题，注重德育课程建设是非常必要的。

一、从活动到课程的必要性

现今中国德育实践出现了如下很明显的两大误区。①重德育活动建设，轻德育活动课程建设。活动是德育活动课程的重要载体和方式，但并不是每种活动都能称为德育活动课程。只有当一系列德育活动间有共同的主题或内容，成体系、有序列，呈螺旋上升关系的时候，德育活动才称为德育活动课程。如果只重视德育活动建设，轻视德育活动课程建设，那么就会导致德育工作的碎片化、无序化。②即便一些学校重视德育活动课程建设，但却忽视了德育学科课程建设。德育课程包括德育学科课程和德育活动课程。德育活动课程只是德育课程中的一种。德育活动课程是相对于德育学科课程而言的，是以学生的直接道德经验为核心组织的课程。这种德育课程重道德实践，轻道德理论学习，它在消解德育学科课程重"知"，不太重"行"的同时，走向了另外一个极端，即重"行"却不太重"知"。学生道德成长离不开道德认知，也离不开道德行动。"知者行之始，行者知之成"，所以对知和行必须同等重视，正因为如此，德育活动课程和德育学科课程都非常重要。正是由于这种误区，中国德育出现了一些问题，为了解决这些问题，我们需要让德育活动走向德育课程。

（一）学校德育活动存在的问题及其表现

1. 德育活动的碎片化

德育活动的碎片化是指学校德育活动不成体系、组织不严谨，德育活动凌乱、无章法。德育活动的碎片化导致的问题就是德育活动开展没有长期的计划与目标，消解了学生品质成长螺旋式上升的逻辑。在小学开展德育活动的过程中，有些学校作为活动组织者却难以说出其中的德育目标，有的学校只是为了完成上级主管部门分派的任务，有的学校则是为了配合某一主题德育活动日，如学雷锋活动日、"五四"纪念日等，这些德育活动在内容上不成序列，在组织上也不成体系，多是应景式、临时性的，不具备长久效果。在诸如此类的应付式、碎片化的德育活动中，表面上看是展示出了学校德育活动的丰富性，实际上都是虚假的繁荣，是碎片化的呈现，缺乏科学的体系，致使德育活动极度缺乏实效性，德育活动也只是走过场、重门面，且效果不好。

2. 德育活动的娱乐化

如今不少学校利用丰富的娱乐形式来开展德育活动课程建设，这能够使德育活动课程富有趣味、易于接受，本无可厚非。然而，当学校过于重视具有娱乐性质的德育活动课程的建设，而忽视了德育学科课程建设的时候，学校德育就"削弱了道德知识传授的环节"，造成空有娱乐和实践，没有理论的困境，长此以往，德育活动课程将丧失教育的意义。德育学科课程是道德知识的主要来源，德育活动课程的娱乐化会使学生沉迷于丰富多彩的娱乐形式，对德育学科课程中所蕴含的道德知识失去兴趣，不加理睬。知识掌握的匮乏容易导致学生道德成长的逻辑出现断裂，从而会使学校德育失去实效。

（二）德育课程对德育活动的超越

1. 德育课程消解德育活动的碎片化

从历史上来看，课程编制有五大准则：系统知识准则、历久尚存准则、生活效用准则、兴趣需要准则和社会发展准则。其中，系统知识准则对于逻辑系统非常严密的学科最为适用。它强调教材必须具有重要性、基础性，由浅入深，由繁到简，由古而今，前一课程是后一课程的基础。它注重学科本身的系统性，注重文化的积累与传递。德育课程作为学校正式开设的学科课程体系中的一环，也具有上述特点。相比盲目的碎片化德育活动，一套德育课程的推行，其体系和序列是经过多方科学论证的，要达成的德育目标也是长期的、稳定的，在此基础上再配合学校教师合理有效的教学，德育实效会有一定保障。再者，一套科学的德育课程中包含了一系列丰富的德育活动，这些德育活动的设置也是为了配合每一个阶段德育目标的实现，本身就处于德育课程的体系与逻辑之中，已经具有了较强的连续性和系统性，因此没有必要将一些碎片化的德育活动强加进学校德育中。总之，将知识与活动辩证地统一于德育课程内容中，可以保证知识、活动的系统性、连续性，处理好课程内容纵向联系和恰当的逻辑顺序，并使知识、活动成为协调的有机体。

2. 德育课程消解德育活动课程的娱乐化

德育课程是国家统一规定的、在学校中正式开设的课程，我国的大、中、小学都有系统完整的教材体系和科学严肃的学科内容。虽然我国的德育教材中不乏生动形象的辅助性内容，如图片、诗歌等，但是总体而言，学校德育课程的严肃性很强，不容易被娱乐化。德育课程应当与德育活动有所区分。学校德育课程开展的主要方式是学科教学，这对于德育活动娱乐化的弥补主要体现在两个方面。一是德育课程能够明确德育的定位。克服学校德育活动的娱乐化，要求教育工作者要找准德育在学校教育中的位置，完善德育活动的顶层设计，使科学化、体系化课程能够起到有力的保障作用。二是德育课程比较容易建立评价体系。很多时候，德育活动更多关注学生的行为层面，多是一过了之，没有后续的评价机制，德育活动的效果也就无从保障。德育课程毕竟属于学科课程，更多关注学生的认知层面，认知层面的德育课程更加有利于进行评价。一旦有了评价机制，德育课程就能有效避免德育活动娱乐化的弊端。

二、从活动到课程的路径与方法

从前文的分析来看，学校德育从活动到课程都有着重要的意义。结合德育课程建设的经验，目前德育课程建设主要有四种路径，即从手段入手、从内容入手、从内容入手和从手段入手相结合、从目标入手，四种路径各有各的特点。德育课程的建设是一项系统的工程，在建设的过程中，首先要对学校进行科学的分析，明确学校德育课程建设的方向和突破点，分析时可以采用"S（优势）W（劣势）O（机会）T（威胁）"分析法。

（一）从手段入手

从手段入手是一种以方法为核心的从德育活动到德育课程的建设路径。其着眼点在于德育课程的形式与实施方法创新：立足于学生发展的道德发展的规律，采取新的形式，将德育内容、目标等融入创新的形式与方法中。这种德育课程建设路径在形式上追求新颖与有效，在方法上追求可行与生动。从手段入手的课程建设路径如下：SWOT 分析—确立手段（有效、独特）—设置课程及体系—课程实施和评价。

从手段入手的德育课程建设路径的优点在于简便、易于操作，德育课程建设只需要开发并选取符合德育规律和适合学生道德发展水平的手段即可，不需要仔细考虑德育内容与目标的衔接性和系统性，因此难度较小、易于推行。其缺点在于只考虑手段的可行性与创新性，缺乏系统性。科学严谨的德育课程建设必须依靠目标或内容才能让德育有体系、成序列，从手段入手虽然易于让德育活动走向德育课程，但体系难以设计。另外，从手段入手还缺乏对整合其他课程的考量，也致使所建设的德育课程与其他课程难以融合。

（二）从内容入手

从内容入手的德育课程建设路径是将德育活动的内容资源进行整合与梳理，进行德育课程建设。这种从活动到课程的德育课程建设包括以下几个方面：一是要了解本校实际和传统，了解本校德育活动赖以建设的内容和资源，这是从内容入手的德育课程建设的基础；二是对现有的活动内容资源进行整合，对活动内容的整合是德育课程建设的中心环节，有了内容的整合，才能明确学生应该学什么、能学什么，才能有效地将零散的内容资源转化成有组织、有体系的德育课程；三是开发新的德育内容资源，开发新的德育内容资源是对原有的德育活动内容进行新的解释，提出新的思路，也可以对本校从未接触过，但经过实践证明切实有效的内容资源进行借鉴和引用。

从内容入手的德育课程建设路径的优点在于，通过对各种德育活动内容进行梳理和提炼，使其具有序列性和层级性，从而易于确立德育课程的体系。其缺点在于，活动内容的提炼、整合与梳理过程复杂，需要花费大量的时间和精力。

（三）从内容入手和从手段入手相结合

从内容入手和从手段入手相结合的课程建设路径，是一种既重视方法创新，又重视对原有德育活动内容资源进行整理地从活动到内容的德育课程建设路径。需要注意的是，从内容入手和从手段入手相结合不是简单的累加，而是二者的有机结合，既要充分发挥二者的优势，又要规避其固有的缺点，以实现二者的相互补充。因此，从内容入手和从手段入手相结合，必须要考虑二者结合的可行性，必须符合课程建设的客观规律，不能盲目追求内容和手段结合的新颖形式而不顾规律，导致课程无法开展或效果不佳。

从内容入手和从手段入手相结合的德育课程建设的优点在于，这一路径从内容与手段两个方面入手，能够在这两个方面都进行创新，因此易于做出特色。其缺点在于，基于内容和手段相结合的德育课程有较强的独立性，因此很难与其他德育课程形成一定的联系。

（四）从目标入手

从目标入手的德育课程建设是以目标为导向地从活动到课程的德育课程建设路径。这一路径的一般步骤是：首先，要明确总体的教育目标和德育目标，确立与之相匹配的德育课程目标，在逻辑上，德育课程目标、德育目标、教育目标之间要呈螺旋式上升，因此德育课程目标既不能过于宽泛，也不能细致入微；其次，建立与德育课程目标相匹配的德育课程体系，由浅入深、循序渐进，直到目标达成；最后，开发一套与目标相适应的德育课程评价体系来对目标的实现与否、实现程度进行评价，以便及时反馈与更正。

从目标入手方法的优点在于，德育课程建设有了核心支撑，可以围绕目标进行一系列的内容开发、形式创新，这样易于建设一个有逻辑、有系统的课程体系。另外，德育课程目标与学校整体的教育目标结合起来，能够将德育工作纳入学校整体的教育工作中去，使德育与其他工作联动、协调、统一，提升学校的教育质量。其缺点在于，一个德育课程的目标是否适合学生的发展，是否符合学校的定位，都是未知数，因此需要进行充分的论证，要做大量的准备工作，会耗费大量的时间和精力。

三、从活动到课程的注意事项

好的学校德育课程建设要有 SWOT 分析；好的学校德育课程建设要有顶层设计；好的学校德育课程建设至少在手段或内容方面要有特色，能落实、有实效；好的学校德育课程建设不仅要包括课程设置，还要包括课程实施和评价。为了让学校德育从活动建设走向课程建设有成效，还需要注意以下几方面的问题。

（一）正确对待大德育

在我国，德育有狭义与广义之分。狭义的德育专指道德教育。广义的德育包括思想教育、政治教育、品德教育、法制教育、心理教育、性教育、环保教育等，几乎无所不包。因为无所不包，所以广义的德育又被称为"大德育"。对于大德育，一方面，我们要充分意识到道德教育、心理教育、思想教育、政治教育等各有其针对的特定问题和规律，不能彼此混淆和替代；另一方面，我们要充分意识到道德教育、心理教育、思想教育、政治教育等各教育间的联系和支持。例如，一个具有良好道德品质的人，也往往必须具备健康的心理状态，能在社会交往中遵守法律、规则。因此，我们不能片面地将道德教育、心理教育、法治教育等完全割裂开来。我们要认识到，它们是相辅相成、相互渗透的，共同促进个体的发展，实现学生的全面发展。

（二）避免德育目标过高

德育目标的制定会直接影响到德育的效果。过低的德育目标虽然高效，但不利于学生的长远发展；过高的德育目标则会使德育的实效性降低。在我国的学校，普遍存在德育目标过高的问题。在学校进行德育的过程中，无私奉献、牺牲、为大家舍小家等"忘我"的形象往往被推崇。但把这些品质作为德育所追求的基本目标，存在着许多问题。首先，个体很难内化"忘我"的社会化要求，实效性低。其次，这种高标准的道德教育也许能够使个别人做到"忘我"，但是，即便如此，也是弊大于利的。一味强调"忘我"和无私奉献，很有可能会使"他者"形成依赖和"捡便宜"的心理，丧失自立、自强的精神。最后，即便采用了某种方法，使每个人都能够做到"忘我"，成为"君子"，但由这些人组成的社会也不一定会是一个良善的社会。总之，一种符合道德要求的道德教育必然是以实现自我为前提的。任何以道德为借口，而对个体利益随意损害的道德教育，本身就不是道德的。

（三）避免德育目标功利化

德育目标的功利化是指德育完全按照外在社会提出的应急要求进行推进，即外面需要什么，德育就抓什么。如此，德育功能将单一化，会过分突出德育的外在功能，而忽视德育对人及人性提升的内在功能。此外，社会的变化迅速以及其对人的要求是多元且多变的，故片面地追求德育目标的社会价值将会导致学校德育缺乏稳定性、系统性、连续性，使学校教师和学生疲于应对社会的变化，不能保证学校德育的长效性。因此，学校在制定德育目标的过程中，不仅要保证德育目标的社会敏感度，使学校德育能够满足社会发展的需要，而且要考虑到学校德育目标的相对稳定性和长期指导性。为此，必须要摒弃急功近利的德育目标，使学校德育回归育人的根本追求，探索学生道德发展的基本规律，保证学校德育发挥长效作用。

（四）尊重学生的主体地位

学校德育的最终目的在于促进学生道德的发展。因此，尊重学生的道德自由，尊重学生的主体地位，是学校开展德育教学的基础。尊重学生的主体地位就是在实施德育课程时，应该以学生为本。具体体现为：在课程指导原则上，强调以人为本；在课程目标上，强调对道德情感的培养；在课程内容上，强调以生活为中心；在课程方法上，强调实践性。尊重学生的主体地位，关键在于彰显学生的个体价值，所谓个体价值，是指人的尊严得到尊重，个人的品格修养、素质得到提高，要按照个体的需要和发展规律，促进个体的成长和发展。德育课程的任务在于培养学生的道德品行，同时必须注重保护学生的道德自主和生命尊严，维护学生的正当利益。同时，应将以学生为本的理念贯穿德育课程的全部，真正尊重和维护学生的人格与尊严，满足其被认可、受尊重的心理需求。只有在尊重的基础上，师生间才会有平等的交流和沟通，学生才能获得认同感，才能使德育课程的理念深入学生的内心，从而增强德育的针对性和实效性。

尊重学生的主体并不意味着教师权威的削弱，从某种程度上来说，反而是对教师权威的加强。由于年龄等因素，学生在知识储备、人生经历等方面弱于教师，又由于价值多元的时代背景，并伴随着网络信息技术的发展，学生接触到的信息良莠不齐。然而，学生还缺乏一定的判断力，当面临众多选择时，极易出现偏差。因此，教师要进行必要的权威指导，帮助学生树立正确的价值观。然而，对一些难以达成共识的领域，强行让学生接受，则会使德育效果背道而驰。因此，教师要加强与学生的沟通、协商。尊重学生的主体地位，不仅仅是告知学生可以做许多事情，更重要的是，教师要明确告知学生什么事情不能做。

（五）避免狭隘的德育课程观

课程是指学校学生所应学习的学科总和及其进程与安排。课程是对教育的目标、教学内容、教学活动方式的规划和设计，是教学计划、教学大纲等诸多方面实施过程的总和。广义的课程是指学校为实现培养目标而选择的教育内容及其进程的总和，它包括学校教师所教授的各门学科和有目的、有计划的教育活动。因此，德育课程也必然有着丰富的内涵。但在现实的教育情境中，教育工作者对德育课程的理解往往是片面的，即将德育课程片面地理解为德育教材，这在一定程度上无益于德育的全面展开。因此，德育工作者要避免以下几种较为常见的德育课程观。首先，将学校德育课程等同于德育校本课程。学校德育课程建设侧重于国家德育课程、地方德育课程的校本化落实，德育校本课程建设侧重于基于本校资源打造本校德育特色。其次，将德育课程的建设等同于德育教材的编写。德育教材是开展德育课程的一个重要载体，除德育教材外，学习空间、环境等都可以成为课程。最后，德育课程建设直接服务于学生学习。德育课程不仅为学生学习服务，也为教师进行德育教研活动、开展家校联合活动提供服务。

（六）注意隐性德育课程的作用

隐性德育课程是一种具有极强隐蔽性和潜在性的非正式德育课程。在关于隐性德育课程的作用、实施和组织方式等问题上，国内学者有较为统一的观点。其中，有学者认为，隐性德育课程就是教育者为了实现德育目标，有组织、有计划地在学校范围内以各种方式通过受教育者无意识的非待定心理反应使受教育者主要获得道德情谊方面经验的教育因素。隐性德育课程具有陶冶、导向、激励、规范、约束等功能，在学校德育中发挥着潜移默化的作用。因此，教师要充分挖掘学校的隐性德育课程资源，如学校的建筑、班级设置、人际关系、各种各样的校园活动、校园的制度以及校园文化等。但需要注意的是，在对隐性德育课程，尤其是在对各种各样的校园活动进行挖掘的过程中，要避免形式化的倾向。重视隐性德育课程的一个重要目的在于，避免学生对系统德育课程的排斥，而形式化的课程不仅会加剧学生对德育的排斥心理，而且会让隐性德育课程失去其原有的意义。

（七）在德育课程建设中整合各学科德育资源

这里所说的"各学科"，是指德育学科课程以外的所有课程，如语文、数学、历史等。学校德育是一项全面的、系统的工程，仅仅依靠单一的德育课程无法完全实现学校德育的目的。因此，必须根据各学科的德育特点，利用好它们的德育资源，进行德育渗透。整合各学科中的德育资源，首先是要深入了解、挖掘潜藏在各学科中的德育资源价值，这需要各学科的教师充分把握课程内涵，在授课时既能完成本学科的课程目标，又能达到德育效果。从整合学科课程这个角度来看，学校德育不仅仅是学校德育教师的任务，更是所有教师的责任。在教学的过程中，教师要将教书与育人充分结合起来，但这并不意味着没有必要在学校专门设置德育课程及教师。在学校中，德育教师担负着对学生进行系统道德教育的任务，而其他课程的教师则担负着辅助德育教学的任务。从学科性质及目标来讲，德育教师的责任更为重要；但从学生的道德发展来说，每位教师都有不可替代的重要作用，每位教师都有成为学生精神导师的可能。

（八）正确对待制度

正当的道德教育，首先要促进社会个体的自由发展。因此，任何有损学生道德自由权的行为都是不道德的。但这里的自由权仅仅是指普遍的自由权，而不是指个体的任性自由。也就是说，自由的实现是所有人的自由实现。某一个人的自由不是真正的自由，因为其是建立在牺牲他人自由权的基础之上的自由。这种自由违背了自由的普遍性精神，从某种程度上来说，这种自由是一种更大的不自由。因此，自由的实现是有条件的，为了防止任性自由对他人自由权利的侵犯，有必要建立相应的制度加以保障。制度为我们提供了一种稳定的教育与生活环境，其有利于防止他人的任性自由对我们自由权利的侵犯，进而实现普遍道德自由。但自由与制度往往处于矛盾和对立之中，如果不能正确处理道德自由与制度的关系，将会出现顾此失彼的现象，使道德教育在自由与制度之间来回摆动。鉴于此，有利于道德自由实现的制度，必然是建立在民主基础之上的制度。即在制定制度的过程中，要切实维护和保障相关者的参与权及其实现，以及保证各方能够进行深度的协商与沟通，从而使制度符合大多数人的权益。

（九）重视顶层设计

顶层设计就是"自上而下"、自高端层至低端层系统推进的设计方法。具体来讲，顶层设计就是用系统方法，以全局视角，对各要素进行系统配置和组合，制定实施路径和策略。其有决定性、简明性、目标与手段的一致性等特点。根据顶层设计的定义及特点，教育主管部门在进行顶层设计的过程中，要树立正确的教育理念，制定的方案要简明易懂，坚持普适性原则。为了保证德育课程的科学性，对于德育课程的顶层设计，需要从以下四个方面来把握：首先是时间维度；其次是空间维度，如"学校·家庭·社会"的德育联盟；再次是内涵维度，包括学校教育哲学、学校德育文化和学校德育模块；最后是课程维度，包括显性课程（学科课程、活动课程）和隐性课程。但顶层设计只是从宏观角度对德育课程进行规划，难免会出现与实际产生偏差的情况。因此，学校在顶层设计的过程中，要广泛听取一线教师的意见，做到"自上而下"的顶层设计与"自下而上"的基层探索的辩证统一。

（十）重视社会和家庭的支持

德育课程建设看似是学校单方面的责任，但由于德育的特殊性，决定了学校的德育课程建设不能脱离社会和家庭。因此，在进行德育课程建设的过程中，要注重发挥社会和家庭的作用，形成学校与社会、学校与家庭的合力。这不仅有利于提高德育工作的效率，而且有利于保证德育工作的完整性。

德育活动上升为德育课程，不是简单地走"老路"，也不是"新瓶装旧酒"，其目的在于对德育课程有一个较为全面的认识和把握，避免对德育课程狭隘、片面的理解。为此，各学校做了许多努力，也取得了显著的进步。但在德育课程建设的过程中，也暴露出了许多的问题，这也说明德育课程的改进与创新是一个艰难的过程，需要反思、发现问题、解决问题，最终促使学校的德育课程建设越来越完善。

第五章　新时代小学生综合素养评价改革理论与实践

第一节　综合素养评价的发展与理论基础

新课程改革需要建立学生全面发展评价体系，这种评价不仅要关注学生的学业成绩，而且要发展学生各个方面的潜能，帮助学生认识自我、建立自信。促进学生全面发展的评价体系通过评价指标的多元化、评价方式的多样化，指向学生的综合素养，综合运用观察、交流、测验、实际操作、作品展示、自评与互评等多种方式，为学生建立综合、动态的发展过程，全面反映学生的成长历程，为学生的总结和反思提供依据，为培养更高水平的人才提供依据。综合素养评价体系更加注重量化评价与质性评价相结合、终结性评价与形成性评价相结合、自评与他评相结合、内部评价与外部评价相结合。

随着课程改革的不断深化，评价也在向着多元化方向发展。例如，强化了关注过程的表现性评价，对学生的学业评价已不仅仅局限于纸笔考试的评价方式。但是，纸笔学业考试仍然是评价学生学业水平的重要方式和组成部分。我们在不断更新教学评价理念，实施教学评价方式与方法多元化的同时，应该根据新的课程标准和教学目标要求，不断完善传统的纸笔考试测验，这也是完善新的课程标准与教学评价体系所必需的。

一、小学生综合素养评价改革的意义

（一）提升学生的成就感和获得感

学生的学习活动总是会按照评价目标的方向进行，评价导向作用是评价改革的首要因素。教师通过评价向学生传递有关教学目标的重要信息，让学生更加清楚地知道应该在学习过程中掌握什么。虽然在平时的教学中教师也会向学生讲述教学所要达到的目标，强调学习中应该重点掌握的内容，但在许多情况下，学生未必能够认真听取和领会教师的意图，未必能在学习中对重要的教学目标给予足够的重视。很多学生并不清楚自己应该学习什么，学到什么程度，用什么方法来学。反之，在学业评价过程中，教师可以使教学目标所要求的内容在各种评价活动中具体地反映出来，并且制定出明确的评价标准，使学生加深对学习目标的理解，以便把学习精力放在应该认真掌握的内容上。

学业评价不仅能够帮助学生发现自己学习中的问题，找到应改进的地方，而且通过教师在评价后的充分肯定、鼓励和赞扬，还能使学生在考核中发现个人的优势和长处，从而产生向更高目标迈进的信心和热情。虽然学生学习的动力主要来自自己，但是教学目标有效转化为学业评价指标，对学生内在学习动机的形成也是有一定作用的。

评价作为激发学生学习动机的重要手段，可以对学生的学习心理进行正面的、有力的强化。在评价以后，当学生看到自己在学习上取得了进步，在考核中有出色的表现时，就会品尝到成功和胜利的喜悦。即使有时学生在考核中并没有达到理想的状态、取得最好的成绩，但由于看到了自己的进步，得到了教师的认可，也能获得心理上的满足，产生自我激励作用，成为学生不断向上的一种力量源泉。

（二）展现学生的综合素养及其发展趋势

从 20 世纪 90 年代开始，素质教育得到了大范围的宣传和推广。时至今日，高校招生综合评价正在逐渐改变这种状况。"高考指挥棒"的正向功能形成一种倒逼机制，引导基础教育注重发展学生的综合素质，推进素质教育的发展，打破唯分数论的单一评价框架，导致评价的内容从偏重学科知识向同时关注学习能力和实践技能转变。

传统评价大多集中在认知领域，而且只处在较低的认知水平，主要考查学生对所学知识的记忆、复述和基本理解，较少涉及高级的认知学习目标，如分析、应用、综合与评价等。同时，对学生的情感和技能的评价也很少体现。当前，新课程改革提倡"立足过程，促进发展"的课程评价，强调学生的能力、情感、个性、品质和学习方法、习惯的养成。

（三）帮助教师掌握教育改革的方向和内容

教育评价对教学过程的问题诊断功能一直以来都是评价研究的弱势之处。广大教师迫切需要借助全面的评价了解教学的效果，了解学生对知识的掌握程度，了解知识教学存在问题的原因。

有效教学是重要的教学评价总目标。教学的有效性需要体现知识内容的真理性，需要体现人才培养目标的实现程度；有效教学不但需要学生掌握具体的知识点以及知识体系，而且需要有效地让学生领悟科学思想方法和创新的意义。综合素养评价要求教师必须把促进学生的发展放在第一位，将评价的着眼点置于学生的未来，将评价视为影响学生学习的关键因素，帮助他们实现那些应该达到而且能够完成的学业发展目标，评价的目的在于促进学生的发展和有意义的学习。

（四）充分展现教育改革的效果

教育改革的主要领域包括小班化、走班制、实践教学、新课程、创新教育。小班化带来的课堂互动改变，走班制激活的学习兴趣，综合实践培育的动手操作能力，新课程塑造的完善知识结构，创新教育中展现的创造性思维与想象，都需要利用综合素养进行评价，展现学生的变化，以起到教学相长的促进作用，为教育改革提供实实在在的反馈依据。

特别需要反思的是，教育改革的大部分成效无法体现于纸笔测验中。如果简单地依据学科考试成绩评价学生、教师和学校，那么就会掩盖学校在促进学生学习动机、创造能力、实践能力等方面的发展作用，导致教育改革因缺乏反馈动力而陷于偃旗息鼓的境地。

二、学业考试成绩评价的优势和弱点

在学校教育教学中，教师是关键，学生是主体。教师的学生观会直接影响学生身心健康的发展。评价决定着教师对学生的态度和感情，决定着教师对学生的言谈举止，决定着教师对学生的考查方式等。可以说，有什么样的学生评价，就会塑造出什么样的学生。

传统学生评价受到心理测验技术导向和传统教育观念的影响，以考试和成绩作为评价学生的主要手段，这种方法在选拔人才、激励上进、实现教育公平等方面起到了良好的作用。但是，以选拔和升学为目的的传统教育，导致教育评价的诸多功能被弱化，而仅对总结性功能情有独钟。传统教育片面追求升学和少数学生智育方面的发展，与之相应的教育评价的目的则是把适合继续接受教育的学生从教育对象中选拔出来，它是强调宏观控制、注重结果的单维度的评价。

（一）学业考试成绩评价的优势

学校是一个学习高深知识和先进技术的空间，整套体系被分成若干阶段，前一个阶段的学习为下一个阶段的学习做准备。学习者是否能进入下一个阶段的学习，取决于前一个阶段的学业水平，以此来预测该学习者应对更高深知识与更先进技术学习的准备程度。非成绩至上主义的学校体系、非能力至上主义的学校体系是不可能有的。学业考试是学校体系选拔人才的重要依据。

1. 学业考试成绩具有良好的有效性和稳定性

纸笔测验的基本特点是可操作性强、有可比较性和测验范围较广，它操作容易、简单易行，能最大限度地保证测验的公平和公正。对教师来讲，通过纸笔测验，教师可以清楚地了解到学生掌握知识的程度，也可以检测自己的教学效果。对学生来讲，通过纸笔测验，学生可以知道自己是否掌握了所学的知识，并根据成绩的好坏，查漏补缺，不断总结经验，并对下一步的学习计划进行合理的安排。对家长来说，纸笔测验能让家长了解孩子在学校的学习情况，督促孩子好好学习。

在较长的时间范围内，多次考试成绩具有良好的稳定性，说明学业考试是一种可靠的测量学习成绩的工具，这是家长信赖的基础。因此，考试成绩的变化常常被看作衡量知识掌握程度和学习努力程度的重要指标。同时，学校和教育主管部门经常通过考试结果来反映教师教学中的问题，为提高教学效果、改进教学方法提供了具体、全面的依据，以求较好地实现教学水平、管理水平的提升。

2. 学业考试可以有效培养学生的外在学习动机

学业考试营造的竞争环境极大地促进了学生学习积极性的提高。考试不仅是对学生知识能力水平的考查，也是对其心理健康发展和意志品质的考验。学生通过自我心理调适，在一次又一次的考试挑战中，享受到了成功带来的喜悦，这种成功的喜悦与信念形成稳定联系，进而强化和提高了学生适应考试环境的心理能力，提高了其继续努力学习的动机。但是，不得不承认，这种学习动机指向外在的、由考试带来的成功及其积极体验。

3. 学业考试是社会选拔人才的重要手段

学业考试的社会性是指在一定社会条件下运用统一、规范的考试，通过公平、公正的竞争选拔社会人才，实现社会有序运行。考试的社会性主要是指公平性，反映了人人享有教育资源的价值观念。大规模教育考试的作用是，通过考试选拔符合社会发展需求的人才，引发社会人力资源的整体提升。

在教育活动中，考试是动力机制、评价手段，同时也是育才手段和导向机制。考试以国家意志为指向，以社会价值尺度为标准，以社会对人才的实际需求为依据，通过与教育目标的一致性和职能的独立性，敦促教育按需设教、因需育才，直接或间接地满足了社会的物质与精神文明建设需求。

（二）学业考试成绩评价的弱点

自然界用尽所有的心力，尽可能地使我们的孩子秉性各异，自然界不遗余力地把无限的可能性隐藏其中。但是，在教育孩子的过程中，父母、教师要有意或无意地限制、根除这种多样性，把一群未来多样化的孩子变成千篇一律的学业成功者。在这种教育过程中，为了取得明显进步，不惜消除、阻止、预防孩子身上已经发生的或可能发生的特殊的、与众不同的个性与行为发展。千篇一律的学业考试评价方式，很好地适应了这种心理需求。

1. 学业考试的科目数量是科学性与公平性的博弈

考试科目的数量设置考虑了评价的公平性和科学性的权衡关系。设置多个考试科目有利于选拔专才，设置少量考试科目有利于公平比较。从考试内容看，考试内容与考试科目是密切联系的，众多的科目本身就意味着内容的宽泛和广博。

就目前的情况看，大规模的考试作为一种统一、刻板的考试形式，日益体现出对于人的知识学习以及人们的思想和个性的狭隘引导。换而言之，对考试公平性的过度诉求极可能会导致忽略考试的科学性，这些评价取向可能会导致考试制度不能完成"不拘一格降人才"的使命。

2. 学业考试导致学习目标简单化地指向分数

以成绩排名为标志的考试功能在很多地区和学校经久不衰。为什么会如此强调名次的重要性？长期以来，人们习惯了简单省事的教学评价，认为只有以分数作为排名的方式才最公平，被评价者无可辩驳。因此，顺应、运用简单的分数评价方式就成为评价者的基本行为，混淆水平性评价和选拔性评价固有的功能，将期末考试评价功能异化为选拔，就成为学校教学评价的基本特点。于是，在这类评价观念的影响下，就有了在期末考试中过度强调试题区分度而刻意提高试题难度的命题行为；就有了学校、教师和学生忽视课程标准划定的要求，去追求永无止境的所谓高难度题目，无休止地去追求所谓好名次，最终导致以名次论英雄，以名次选拔优胜者。

3. 不利于培养学生学习的内在动机与理解学习的本质意义

分数评价的重要负面影响是容易使评价者产生标签化意识。几次考试之后，教师常会不自觉地把学生分成"成绩好"的学生与"成绩差"的学生，而忽视了学生是成长中的个体，是有着巨大潜力的个体。学生当前学业中存在的许多问题往往只是个体心智成长过程中的一些必然经历，而且学业的成败也不代表个体的全部发展过程。心理学研究也早已证实，教师的期望效应对学生的影响巨大，教师不经意间的评价常会深深地影响学生的自我评价。因此，教师在进行课程与教学评价时，应立足于学生的长远，以发展的眼光看待学生的学业成长，应警惕社会及自身评价中可能存在的标签化意识，减少标签式的学业成就判断，仔细了解每一名学生的现有特点，利用好课程及教学评价的引领功能，有针对性地促进所有学生的学业发展。

用统一的考试标准来选拔具有丰富多彩的个性的人，也难免会使考试有失公平。受教育者都是活生生的有血有肉的丰富的个体，个体与个体之间存在着千差万别。学生之间有差异，重要的是，教师要处理好这些差异，推动学生的学习。教育的重要性不是要对学生进行比较，而是要帮助学生达到课程目标。评价的重要意义是帮助学生实现教育目标，让学生充分理解学习给自己和社会带来的益处。

4. 无法体现学习过程的特征

学习过程是学生在教师的指导下，索取知识、同化知识、应用知识、迁移知识的过程，这是一个复杂的认识过程，学生在学习的每个阶段都需付出极大的努力。然而，艰苦的付出未必会换来等值的学习成果。当付出与获得失去平衡时，说明学生学习过程遇到困难，或者在某一阶段出现障碍，教师如不及时发现并纠正，将会导致最终结果的失调。

目前很多教育评价没有对学习过程做出评价，忽视了对学生操作能力、学习态度、实际解决问题能力、学习习惯等环节的考查；忽视了对学生思维能力发展的评价与引导。例如，数学考试中的解答问题，无论解题思路是简便快捷还是繁杂冗长，只要结果正确，大家的得分就相同，从分数上很难区分学生智力发展水平的差异，更谈不上对学生创新能力发展过程的评价与引导。

5. 部分教育目标无法体现于纸笔考试中

在教育考试中，最大的问题是，只有某些方面的智能，如语言智能和数理逻辑智能得到了评价。人们对这种只评价语言智能和数理逻辑智能的趋势一点都不感到吃惊，因为几十年来学校一直只关注学术智能，有时甚至排斥一切其他方面。

　　学业考试不适用于测量学生在解决问题过程中展现的多元能力，诸如，批判性、发散性、创新性的思维过程，合作、自律、包容的人格品质，操作、制作、改造的技能，都是学生发展的方向，也是教育目标的重中之重。那些具有想象力和创造力的学生，那些停下来对问题进行更深入思考的学生，常常完不成测验。而且测验提出的问题也是脱离情境的，往往只重视知识的积累，而不重视学生未来所需的高级思维能力和问题解决技能。因此，学业考试只能作为学生评价的一种方法，但不能取代、排斥多元化的综合评价。

　　6. 评价交流的缺失

　　目前，学业考试明显表现出"自上而下"的特点，评价主体与客体之间的交流十分少。首先，制定评价标准和选择评价方法是教育管理部门的特权，缺乏学校、教师的参与，家长以及学生的心声更难体现于评价方案之中。其次，在课堂教学评价方面，缺乏教师与学生的交流，教师很难了解学生一节课的实际进步或存在的问题等。最后，对于学校的统一考试结果，仅仅以分数的形式反馈给学生和家长，而不说明分数所包含的意义，学生无法通过考试成绩来了解一个学期自己在学习中存在的问题，难以准确找到改进学习的方向与方法。

　　评价的交流协商是指各评价主体间的对话交流，主要指教育管理部门与学校、学校与教师、教师与学生、学生与学生、教师与家长之间的对话交流。教师是日常教学评价的主要实施者，也是学生自主评价、同伴评价与家长评价的指导者，因此，首先要调动教师进行评价的积极性和主动性，充分发挥教师在评价中的主体作用。学生自主评价是学生评价的重要组成部分，学生最终根据自我评价实现自我成长和自我发展。然而，我们需要注意学生自主评价能力的阶段性。由于小学低年级学生的自我评价能力还没有发展起来，需要以教师评价、家长评价为主；小学高年级学生有初步的评价他人的能力，提倡在教师指导下的同伴间相互评价；小学生自我评价能力初步发展，需要教师引导学生开展自我评价，最终实现学生自主评价。

总之，教育作为人的自我生成与建构活动，要使个体不断地超越已经达到的水平和已经获得的知识，创造出新的人性内涵、价值与意义。

（三）学业考试成绩评价的改革方向

如前所述，学业考试作用的二重性是一种客观存在，问题的关键在于如何趋利避害。最好的办法，就是以保护以学生为本的教育理念为归依，大力提倡以学生自身为评测主体的评价取代以外力为主体的评价，使考试同样成为学生自主学习的一种方式和助力，大力简化和淡化比较性和控制性的考试，最大限度地发挥考试的激励、反馈、诊断、矫正和发展等作用，实现教育考试从控制学习过程转向激励学习过程。只有这样的考试，才是和学生和谐对话的评价，才是发现、尊重学生自然潜能的力量，才是使人的基本素质和个性特点都能得到发展的平台。

评价改革需大力提高学生自我评价的意识，在教学活动过程中，教师要创造学生实施自我评价的空间和环境，确立学生的自主地位、学习的主体性，评价内容以考查学生的学科知识为重点，兼顾学习的过程、解决问题的能力、学习习惯、学习品质的系统评定。教师要广泛开展情境化命题的实践研究，让学生综合运用知识、技能和思维能力，利用评价结果促进学生综合素养的发展，帮助学生自我反思、自我发掘优势、自我决策发展方向。

三、学生核心素养与评价改革

学生发展核心素养回答了"培养什么样的人"的问题，但如何将核心素养从一套理论框架或者育人目标体系落实与推行到具体的教育、社会活动中去，进而真正实现其育人功能与价值，仍然是教育领域面临的重大问题。

从各国或地区推进面向 21 世纪核心素养的教育实践来看，建构基于核心素养的课程体系，围绕核心素养进行教学方式改革，开展指向核心素养的教育评价，是从整体上推动核心素养有效落实的重要途径。然而，评价改革又是其中的关键，是制约核心素养教育的瓶颈，直接关系到核心素养教育的成败。

开发体现核心素养的多样化、多形态的测评工具，建立以核心素养为导向的评价与反馈系统，是各国或地区推进面向 21 世纪核心素养教育的重要抓手。如何从知识为本、结果为本的评价，真正走向核心素养评价？这是难点中的难点、热点中的焦点。

（一）学生核心素养的构成要素

核心素养是学生在接受相应学段教育的过程中，逐步形成的适应个人终身发展和社会发展需要的必备品格和关键能力。所谓"核心"，是指在所有事物中处于中心地位，直接指向事物本质，对事物全局发展起支撑性、引领性和持续性作用的因素。从这一角度来理解，核心素养之"核心"应当是基础，它是指在人的发展中起着奠基作用的各种品格和能力。"素养"则是一个动态的、整合的概念，它是相对宽泛的概念，是涵盖了一个人身上稳定的特质、知识和技能的习得、行为习惯、态度、价值观以及其他心理品质，且会在一定的情境下自觉或不自觉地表现出来的一种应对复杂要求的能力。素养的形成是一个持续的、终身的学习过程，素养的发展与个人的努力、社会和生态环境密不可分。

学生核心素养探究的根本问题是"教育要培养什么样的人"。21 世纪以来，知识经济迅速发展，信息化、全球化浪潮席卷而来，这些都对教育提出了新的要求。各国或地区结合自身经济、社会和教育发展需求，从不同角度提出了面向 21 世纪的核心素养。《中国学生发展核心素养》指出，中国学生发展核心素养分为文化基础、自主发展、社会参与三个方面，具体细分为人文底蕴、科学精神、学会学习、健康生活、责任担当、实践创新六大核心素养。目前，核心素养已成为一个统率各国教育改革的概念，以学生核心素养推动教育和课程改革已成为当前教育改革的焦点。

（二）核心素养体现了人本教育思想

从"双基"（基础知识和基础技能）教学目标到三维教学目标再到核心素养，其变迁基本上体现了从学科本位到以人为本的转变。"双基"是外在的，主要是从学科的视角来刻画课程与教学的内容和要求。素养是内在的，主要是从人的视角来界定课程与教学的内容和要求。三维目标是由外在走向内在的中间环节，三维目标里面既有外在的东西，又有内在的东西。相对于"双基"，三维目标的理论比较全面和深入，但三维目标依然有不足之处：①缺乏对教育内在性、人本性、整体性和终极性的关注；②缺乏对人的发展内涵特别是关键的素质要求进行清晰描述和科学界定。"现有的课程标准虽然在总目标中提及类似学科核心素养的目标，但没有以学科核心素养为纲，没有将学科核心素养落实到课程标准的各个方面，特别是各个学段或年级或水平的表现标准。"

素养是素质加教养的产物，是天性和习性的结合。素养完全属于人，是人的内在秉性，核心素养则是素养系统中具有根本性和统领性的成分，是个体成长与发展的基础和前提保障，是个人适应环境的关键因素。评价改革就是要让学生充分了解自己的核心素养，了解实现自身价值、实现奋斗目标的基本心理资本，激发终身发展的动力源泉。

（三）核心素养对教师课堂教学的引领作用

核心素养来自三维目标又高于三维目标。从形成机制来讲，核心素养来自三维目标，是三维目标的进一步提炼与整合，是通过系统的学科学习之后而获得的；从表现形态来讲，核心素养又高于三维目标，是个体在知识经济和信息化时代，面对复杂的、不确定的情境时，综合应用学科知识、观念与方法解决现实问题所表现出来的关键能力与必备品格。显然，三维目标不是教学的终极目标，教学的终极目标是提升能力和品格。

从"双基"到三维目标再到核心素养（关键能力和必备品格），知识的地位和作用似乎被不断地弱化，很多人为此提出质疑：知识难道就不是素养了？没有学科知识，哪儿来的学科素养？这个问题实际上就是知识与素养的关系问题。教育无非是将一切已学过的东西都遗忘后所剩下来的东西。遗忘掉的东西就是所学的具体知识和内容，而剩下来的就是所谓的能力和品格，后者正是素养的内涵。

（四）学生核心素养的评价

核心素养评价面临的第一个问题是如何处理核心素养评价与现有评价的关系，这是一个不容回避的现实问题。核心素养评价不是单一的，应将核心素养评价贯彻和体现在现有的各项评价之中，其原因有以下三方面。

第一，核心素养是一套育人目标体系。从党和国家层面来看，核心素养体系是党的教育目的的具体体现，是连接教育理念、培养目标及课程与教学目标的关键环节。国际上以学生核心素养推动教育和课程改革已成为一种趋势。核心素养不仅要落实到课程与教学之中，更应该落实到评价中。如果核心素养评价不能贯彻和体现在现有评价之中，其就会成为空中楼阁，难以落地。

第二，现有评价已形成一套成熟而完整的运作体系，已基本被社会接受和认可。如果抛开现有评价而另搞一套核心素养评价，由于核心素养是一个新生事物，绝大多数人对它并不了解，不仅推行起来需要一个过程，而且要付出很高的额外成本。如果换一种思路，按照核心素养的理念、内涵、要求，整合、改造、优化现有评价，使现有的各种评价都与核心素养评价接轨，实施起来不仅阻力小，而且成本低，不失为一种经济合理的做法。

第三，现有评价与核心素养评价在目标和指向上仍有所不同，比如，在评价内容上，现有评价除了应主要体现核心素养外，还要涵盖核心素养中的一些非核心部分。因此，不能用核心素养评价完全替代现有评价。在现有评价中，最接近核心素养评价的是综合素质评价，厘清综合素质评价与核心素养评价的关系尤为重要。核心素养的内涵比综合素质更丰富，这是因为综合素质的内涵主要是指人在先天的生理基础上，通过后天的环境影响和教育训练，所获得的内在的、相对稳定的、长期发挥作用的身心特征和基本品质结构，侧重人的能力和品质。核心素养的内涵涵盖了知识、能力、情感、态度、价值观，而且强调情感、态度、价值观与知识、能力同等重要。在外延上，综合素质更加含糊而宽泛，核心素养更加明确而具体。

基于以上分析，学校要按照核心素养的要求改造和优化现有的综合素质评价，实现综合素质评价的转型升级，使之能够贯彻和体现核心素养评价的要求。

四、学生的需求是评价改革的出发点

（一）心理健康发展的基本保障——基本的生存安全感

学生的认识需要是学生的主导需要，表现为学生对学校生活的向往、热爱和对学校任务的重视等。在学习过程中，学生希望有一位知识渊博，懂得教育规律，具有高超教育艺术的教师，来满足自己探求丰富的知识，形成多方面能力和优秀品质的需要。如果教师的知识不够丰富、能力水平不高，不能很好地组织教学，不能有效地指导学生学习，学生的认识需要就会受到压抑，学习积极性就会下降，从而导致学习成绩滑坡，影响学生的自我评价。学生在学习过程中出现错误是在所难免的，关键是教师要指导学生找出出现错误的原因和成功解决的办法，给学生战胜困难的勇气。如果教师在学生出现错误时就讽刺、挖苦、训斥，会极大地损害学生的上进心和自信心。

（二）学生与社会交互作用的本质——人际关系

学生有交往和爱的需要，这类需要是学生身心健康发展最基本的保障。学生希望和教师、同学平等、友好地交往，得到教师和同学的关心和爱护，希望与教师建立民主、平等、融洽的师生关系。教学中，我们经常会见到这样一些情况：教师对学生一句关心的话语，一个鼓励的眼神，一抹亲切的微笑，都会使学生产生一种被关心和被爱护的感觉，从而促使其产生对教师的喜爱，并由喜欢这位教师迁移至对课程产生学习动机，在课堂上就变得积极主动，学习效率提高，学习变成了乐趣，变成了享受。

教师只有与学生多沟通，缩短与学生的心理距离，学生才愿意向教师敞开心扉，谈自己的需要，谈对教师的希望，甚至对教师的教学提出好的建议。这样，教师才能更好地了解学生，站在学生的角度去审视自己的教育、教学，设计教育、教学过程，使其更符合学生的需要。教师只有与学生建立起这种真正民主、平等的关系，才能树立自己的威信，获得学生的尊敬和喜爱。

在教育教学中，一些教师很少对学生关心、爱护，动辄就训斥学生，总想让学生按自己的要求去做。这种不平等、不民主的教育行为破坏了师生间融洽的关系，妨碍了师生间的沟通，降低了教师的威信，为学生接受教师的教育设下了障碍。

（三）学生发展的目标与动力源——发现自身的优势

童年时期，学生都有自己的梦想，有的梦想翱翔天际，有的梦想通晓古今，有的梦想振臂一呼、应者云集。这些梦想是学生努力拼搏的不竭动力，集中体现了学生成为与众不同的社会成员的意志，每一位学生都希望自己的行为有益于他人、有益于社会。

学生的梦想是各种各样的，不可统一化，不可外部强加，更不可被环境掩盖。而教育恰恰是学生实现梦想、发掘自身优势的理想沃土，教育应该让学生发现自己与众不同的优点、优势或特殊才能、特殊品格，让学生领悟到通过不断的努力，可以把自己的优势转化为人生目标，实现梦想，实现自我。综合素养评价应当实现这样的教育过程，能够让具备各种优势的学生在同一套评价方案中找到自己的舞台，找到适合自己攀登的梯子。

（四）健全学生人格发展——获得自尊和他人的尊重

学生有被尊重的需要，人们生活在群体中，总希望在群体中占有一定地位，享有一定声誉，得到好的评价，即有被尊重的需要。当社会评价满足个人被尊重的需要时，其会产生自尊感。任何一名学生都需要得到别人的尊重和信任。如果满足了学生的这种精神需要，其便会产生喜悦、乐观的情绪体验，从而推动其积极地学习、生活；反之，其会产生失望、消极的情绪体验，有的还会导致自卑心理，自暴自弃。因此，爱护学生的自尊心是非常重要的。苏霍姆林斯基曾经有一个十分精辟的比喻：要像对待荷叶上的露珠一样小心翼翼地保护学生幼小的心灵。可一些教师对学生随意批评、讽刺、挖苦、侮辱，甚至体罚或变相体罚，严重损伤了学生的自尊心。

学生有缺点、有错误，教师进行教育、批评是必要的，但教师在提出严格要求的时候，特别是在批评教育的时候，必须爱护学生的自尊心和人格。只有教师真诚地关心和尊重学生，学生才会与教师建立感情，从而乐于接受教师的教育甚至是严厉的批评；反之，教师的教育则会被拒之门外。

因此，评价改革必须实现对学生的尊重，尊重他们对课文的理解，尊重他们奇异的解题思路，尊重他们对书本知识的批判，尊重他们对未来的异想天开，同样，也必须尊重他们的谦逊礼让，尊重他们的辛勤付出，尊重他们的仗义执言。

总之，学生的需要是多角度、多层次的，教师要多了解学生的需要，在学校和班集体的教学及其他一切活动中创造各种条件，运用综合素养评价，满足学生的合理需要，激发其学习与发展的动机，让每一位学生都能实现自己的人生价值。

五、小学生综合素养评价的框架

实施综合素养评价意义重大，将促进学生认识自我、规划人生，激发潜能，主动发展，走出教室、走向社会，在社团活动中培养兴趣，在社会实践中经受锻炼，全面提升德智体美各方面的综合素养，使人才选拔标准更加全面，人才选拔方式更加科学，有助于扭转单纯用考试分数评价学生的做法，促使人才选拔从只看"冷冰冰的分"到关注"活生生的人"，实现"知行合一"。

只有建立一个基于事实、易于使用、具有权威性和公信力的新的综合评价体系，其评价结果才能在人才选拔中具有重要的参考价值。评价内容应具备全面、可观察、可比较的特点，评价程序应具备条理清晰、前后衔接、客观公正的特点。这样的评价有助于全面分析学生的综合素养及水平，促进学生认识自我、积极主动地发展，实现自我的完善与进步。因此，学校要把能够反映学生德智体美全面发展情况的综合素养评价结果，作为学生毕业和升学的重要参考依据。

学生综合素养档案应该是综合素养评价的主要依据，而档案必须由学生成长过程中的客观记录组成，客观记录除了确保客观真实之外，也应该有一定的选择性，着重记录与核心素养相关的学习行为和学习成果，如思想品德、学业水平、身心健康、体艺素养、社会实践等方面。

学生综合素养评价内容分为品行素养、学习素养、创新素养、体质素养和心理素养五个方面。体质素养和心理素养是小学生全面发展和适应社会要求的基本保障，学习素养和创新素养是核心素养发展的具体表现，只有通过学习和创新两大行动才能使小学生成为具有核心竞争力的社会发展的贡献者；品行素养是促成学习和创新的引领者，优良道德品质的内化过程只有通过个体与班集体、社团社区组织、大社会的良性互动才能真正得到培育，只有在这样的实践过程中，个体才能发现学习的意义。下文将着重阐述各个方面的考查重点。

（一）品行素养

品行素养反映了学生处理与同学、班级、社会、自然的关系等方面的情感态度和行为表现，具体测量指标分为学校生活、家庭生活和社会实践三个方面。学校生活需要记录学生个人在校期间遵守校纪、校规的情况，如出勤、课堂纪律、同学关系、团结协作、行为规范等，特别需要记录打架、偷窃等不良行为。家庭生活需要记录学生孝敬父母的表现，特别需要关注家庭困难的学生，记录他们帮助父母做家务、料理农田、照顾病人的事迹。社会实践需要记录学生参加党团和少先队活动、社团活动、志愿者与公益活动、社会调查、社区服务、环境保护等社会实践活动，特别需要记录学生在校外的行为表现，如保护街道整洁、遵守交通规则、维护社会正义以及做好人好事等。

（二）学习素养

学习素养主要反映学生是否有积极的学习态度和浓厚的学习兴趣，是否有良好的学习习惯，能否进行自主学习、合作学习。学会学习主要体现于以下指标：勤于提问、善于提问、乐于解释同学的问题、提问的数量与质量；年级、校级、区级各学科竞赛成绩；体育锻炼成绩和体育竞赛成绩；运用互联网等信息技术解决问题的能力。此外，还应特别重视学习参加选修课程的学习效果，以及研究性学习成果，这些成绩反映了学生的学习能力，尤其是对具有优势的学科的学习情况，体现了学生的个性特长及创造性潜能，体现了鼓励性评价的原则。

学习素养不仅体现于学业考试成绩，还可以广泛地通过学生各类作品体现出来，如作文、绘画、声乐表演、科技制作、实验分析等。这些成果集中体现了学生对知识的尊重和渴求，是个体终身发展的重要认知资本，是学生适应社会发展的力量来源。

（三）创新素养

创新素养在艺术领域主要反映了学生在学习艺术知识过程中表现出的发现、欣赏、评价美的意识和能力，反映了学生艺术表达和创意表现的兴趣和意识。艺术领域的创新素养主要体现在以下艺术领域的学习过程与成果上：手抄报、黑板报、宣传海报、废物利用、小制作的制作数量与质量（分数或获奖等级）；音乐、美术、舞蹈、书法、家乡传统文化技艺竞赛成绩，特别需要关注学生参加戏曲、剪纸等传统艺术活动所取得的成绩。

创新素养在科学领域集中表现于学生在学习、理解、运用科学知识和技能等方面表现出的效率水平、思维方式和行为规范，反映了学生能学习科学技术知识，掌握基本的科学方法，勇于纠正错误、敢于追求真理，能运用严谨的科学思维，有百折不挠的探索精神，能够提出问题、形成假设，并通过科学方法检验求证、得出结论等。科学领域的创新素养主要体现为以下学生活动的过程及其成果：参加学科竞赛的次数与成绩、参与科学实验和社会调查的次数、小制作数量、小发明与发明专利的质量与数量、对自然科学或社会科学感兴趣的程度。

（四）体质素养

体质素养主要体现为学生参与体育活动、体育锻炼和体育竞赛的各方面表现。体质素养不仅仅要求学生具备良好的运动耐力、爆发力和协调的运动技巧，还要求学生掌握一定的生理健康知识，形成体育锻炼的意识和习惯，为健康成长、适应繁重的学习与工作任务，奠定良好的身体基础。

（五）心理素养

心理素养主要是个体在认识自我、发展身心、规划人生等方面的积极表现。心理素养要求学生理解生命的意义和人生价值；具有安全意识与自我保护能力；掌握适合自身的运动方法和技能，养成健康的行为习惯和生活方式等；要求学生能调节和管理自己的情绪，有积极的心理品质，自信自爱，坚韧乐观；积极交往，有效互动，建立和维持良好的人际关系等；要求学生能正确判断与评估自我；依据自身个性和潜质选择合适的发展方向；有计划、高效地分配和使用时间与精力，具有达成目标的持续行动力等。

六、小学生综合素养评价改革的总原则

（一）效益原则

综合素养评价指标必须有利于学生终身发展，有利于学生潜力发掘，有利于学生自信增强。激发学生的内部动机，是评价改革的根本出发点和落脚点。教师应借助多元评价过程和结果，让学生看到自己的进步和成绩，为学生提供一个展示自我的平台，鼓励学生展示自己的努力和成绩，从而发挥评价的改进和激励的功能。在充分发挥评价的激励功能的同时，教师要用合理的、科学的、公正的评价激励每一名学生，特别是对学习成绩不好的学生，更要注重保护他们的自尊心和自信心，在评价语言的措辞上要非常谨慎，让学生更多地看到自己的优势与进步，对未来的学习充满信心，争取让每一位学生都能体验到成功和学习的乐趣，从而有效地激发其学习兴趣。

同时，要充分发挥评价对学生的激励功能，激发学生的内驱力，提高学习效率。只有这样，才能在评价过程中实现以素质教育为主线，以培养具有创新精神和实践能力为重点，实现"以人为本，打好基础，促进发展"的教育目标。

（二）互补性原则

综合素养评价应突出个人智力与人格的特异化优势，凸显优势迁移、弥补短板的导向，不以所有指标的简单算术来判断学生的综合素养。评价方案不要求学生全面达到，允许学生将最高的部分指标得分计入总分，例如，如果某个一级指标包含五个二级指标，该大项的总分可以由得分最高的三项二级指标合成。这种方法既可以引导学生探索自身的兴趣爱好，充分展示自身的能力和特长，也可以避免任务过多，造成精力分散，无端增加学生的负担。

（三）内部标准原则

综合素养评价应侧重于纵向比较，辅以横向比较。教师应多开展学生个体的发展性比较，以前一段时间的水平为评价基线，以进步程度作为评价标准，让学生看到自己的发展与成长，这种评价可以命名为"多起点评价"。多起点评价是指以学生个人某时间点的现状为参照点，确定该生的评分或加分标准，根据其在参照点以上的进步程度，给予积极评价。这种评价是人性化的评价，不以团体平均水平为依据，不以适合大多学生的发展水平做"一刀切"的评价，而是以学生个人的水平及其进步程度为评价依据。只要学生有进步，就可以获得一定荣誉。这种评价适合发展水平滞后、有较多不良学习习惯的学生，能有效激发其发展学习动机，增强其自信心。

（四）诊断性原则

诊断性原则意味着学生可能会从评价结果中找到努力的方向和改进学习行动的方法。教师要了解学生的基本情况，发挥评价的导向、激励、诊断、发展等多重功能。其中，诊断性评价可以确定学生的学习准备情况，明确学生的学习起点，为教师的教学设计提供依据；可以了解学生的发展差异，有助于教师对具有不同特征的学生采取针对性干预措施，可以了解个别学生在发展上的特殊障碍，为教师进行有针对性的教学提供依据。

新课程学生评价需要真正形成全面科学的评价体系，需要提高诊断性评价的比例，促进诊断性评价功能的发挥。学生素养的培养是一个循序渐进的过程，其在文化基础、自主发展、社会参与等方面的问题也是在素养培养过程中逐渐显露出来的，要使相关问题能够得到及时和有针对性的解决，就需要注重对学生进行阶段性诊断评价。这样做，可以呈现相关问题的解决过程，更加真实地还原学生的发展情况。

（五）发展性原则

借助信息管理技术和数据分析技术，可以记录大量的学生个人数据和班级、年级和学校等团体数据，在对个人数据和团体数据进行分析、比较的基础上，可以展现学生在较长的时间内的发展特点，包括发展的主要方向、发展速度、发展上升或下降趋势、发展的相对水平或优势。根据发展性评价，学生可以了解自身综合素养的优势所在，看到自己通过努力得到的进步，展望未来的努力方向和职业发展方向。根据团体发展性评价，教师和班主任可以把握教学改革对学生的长期影响，以及教学的成功和失败之处，为提升教学专业化水平和班级管理水平提供依据。需要特别指出的是，对学校教学质量的评价也应遵循发展性评价原则，务必对毕业升学成绩与入校成绩进行纵向比较，借此判断一所学校某届学生学业成就的发展变化趋势。

（六）主体性原则

长期以来，学生在自己的学习评价中只是被动地接受与适应，出现了评价的失语现象。主体性原则认为，综合素养评价的评价者不仅应由教师承担，还应把学生本人作为评价的主体。教师是为学生的学习和发展服务的，学生发展的需要是教育的出发点，学生主体性（自主性、主动性、创造性）的发展是教育的目标。因此，综合素养评价方案要凸显"学生是学习和发展的主人"这一宗旨，在评价上，不仅要看学生对各种知识和技能的掌握，更重要的是，要看学生主体性的发展，把两者有机地融合为统一的整体。在综合素养评价过程中，学生的自评、互评、评价结论、评价后反思、行为调整应确实地建立起来，这样不仅可以减少教师的主观干预，还不会增加教师的工作负担。

（七）建立城乡学校差异化评价标准

现阶段，在经济条件、教育方式、学习支持等方面，城市家庭和乡村家庭之间依然存在着较大的差距。相较于城市家庭子女，外来务工人员子女的家庭教育是比较薄弱的。这样，如果从考试成绩、学科竞赛、艺术特长等方面考察，乡村学生与城市学生大多存在较大的差距。

但是，乡村学生有其存在的价值和发展潜力，他们的自信心既可以被评价摧毁，也可以从评价中得到提升。因此，综合评价方案需要包含适合展现乡村学生、外来务工人员子女优势的指标，诸如，传统艺术特长、孝老爱亲行为、勤奋好学态度、劳动的生产技能、热心助人的品行等。

第二节　品行综合评价

一、评价改革的总趋势

综合性学生评价改革试图构建一种纵向与横向交错、动静结合的综合性评价模式，这种综合性评价模式需要体现全面的发展性评价原则、方法和指标体系，并使评价过程具有可操作性。构建全面发展性评价模式的目的有三方面：①适应中、高考改革大趋势，为下一步实施综合选拔评价制度奠定科学的基础，并提供全面、丰富、具体的学生综合评价材料；②完善新阶段课程改革提出的"促进学生全面发展的评价体系"，为基础教育阶段实施全面发展性评价，尤其是为学生评价提供"舞台"；③通过综合模式的评价途径和手段，促进学生自我评价、自我发展、自我完善，为学生自我实现全面发展的目标拓宽空间。建构全面发展性评价的综合模式能够促进基础教育和高等教育的衔接，有利于贯彻全面发展的教育方针，有利于实施素质教育，对学生的和谐、自主、充分、全面发展有着积极的现实意义。

有学者提出了"综合评价——自我发展"模式，这是一个长期的、综合的、囊括整个基础教育阶段发展的过程性评价模式。该模式是"点、线、面、方"相结合的全方位评价；是一种以学生自我评价为主、他人评价为辅的主体化评价；是一种以人文性为主的质量化评价；是一种以形成性评价为主的过程性评价；是一种遵循学生年龄特征、个性差异的个性化评价；是一个活而有序、结构严谨、环环相扣的螺旋式上升的实践过程，是具有中国特色的基础教育阶段的学生评价模式。

随着教育改革的深入和中考改革的持续推进，学生评价改革的重要性也逐渐凸显了出来。无论是在农村还是在城市，新课程改革所倡导的发展性评价的理念都已被广大教师认可，但是教师和学生对发展性评价的内容存在明显的分歧。因此，特别需在实践中检验评价指标体系的合理性与有效性。

二、小学生品行综合评价改革的迫切性与总方向

单一化的学业评价标准让很大一部分学生产生了挫败感。①以单一分数评价人，容易伤害学生的学习积极性，从而难以体验到学习成就感；②以"三好生"为核心的荣誉体系令绝大多数学生望尘莫及，难以发挥激

励大部分学生的作用；③由于城乡学校之间在师资力量、学习环境等方面的差距，偏远地区的学生必须具有更坚强的意志品质、更灵活的思维方式、更积极的未来梦想、更和谐的规则意识，才能为自己的终身发展打下基础，而这一切正是偏远地区学生所欠缺的，需要成为学生综合素养评价的核心内容。

在这种状况下，探求一种适合偏远地区学生的评价模式，促使评价从关注"冷冰冰的分"到关注"活生生的人"，促进学生德智体美全面发展和个性特长培养，扭转"唯分数论"，优先关注学生的成长，然后促使他们成功。那么，综合评价为什么评？评价什么？怎么评价？基础教育改革必须要回答好这些问题，并借此推进核心素养的发展。学生评价改革的重点在于以多元化的评价促进学生全面而有个性地成长，评价内容从"单一评价"转向"综合素养评价"，评价方式从"外化横向评价""总结评价"转向"自我发展评价""表现评价"，评价主体从"被动评价"转向"主动评价"。

发展性评价模式的探索，正是希望通过评价模式的转变，使学生形成自觉、自主、自信、自制、上进、好学的个人精神面貌，在个人评价的基础上，形成阳光小组、阳光班级的考评，最终促成学生良好学习习惯的养成和学习环境的优化。

三、评价方案的指标筛选依据

第一，评价方案指向核心素养是教育改革的必然要求。核心素养代表一系列知识、技能和态度的集合，它们是可迁移的、多功能的，这些素养是每个人发展自我、融入社会及胜任工作所必需的。只有具备这些素养，学生才能适应社会，才能在实现自我发展的同时，促进社会的发展。

第二，评价方案需选择有纵向迁移作用和横向辐射作用的行为指标。学校教育不是为了孩子在学校里"亮剑"，其最终目的是促使个体在社会生活中展现自我价值。因此，保障个体竞争力和社会适应性的因素应该成为小学生综合评价的内容，以评价的导向作用引领教育发展和学生发展。同时，行为习惯、人际关系、学习方法的改善不可避免地带来了学生学业成就的进步，进而会促使学生自我意识的全面提升和情绪状态的改善。

第三，评价指标体系需要包含与班风、校风密切联系的学生行为。学生在学校中的细小行动往往体现了全校的风貌。例如，在食堂就餐之后，餐桌与地面整洁依旧；师生相遇之时，简短而又不失热情地互致问候；遇到多人上下楼梯时，有序缓进，不推搡、不打闹；自习课上，抓紧时间，按计划复习，不懂就问，不会再练；科技文体活动参与者多，粉丝众多。积极行为与消极行为的一增一减，可以增强学生的自我认同感。

四、小学生品行综合评价的目标

基于乡村小学生成长发展的需要，我们认为小学生的综合素养评价应指向健全人格、和谐人际、良好习惯、积极反思四个目标。

第一，从一点一滴的小事做起，培育自我的健全人格。青春期是健全人格的养成时期。面对复杂的社会竞争，自信是关键动力系统，乐观是健康情绪的重要组成部分，较强的挫折承受能力是关键的人生支柱，坚持不懈的努力是关键的行动过程。

第二，以一言一行构建自我的和谐人际关系。现代社会生活的取向是共同约定基础上的自我约束、互助互利和协作共赢，我们的孩子需要知道如何尊重他人，既能付出自己的关心和关爱，又能做到自我约束和自我保护；既能体验到集体给自己的温暖，又能为集体贡献自己的智慧。

第三，在更宽广的层面上养成良好的学习习惯。学习是伴随学生一生的过程，它指向规定的课本知识和自主的兴趣爱好，学生应理解学习过程和效果对幸福生活的重要意义，对展现自身价值的重要意义，为有自己的一技之长、为自己的兴趣爱好感到骄傲。

第四，依据纵向、横向多种渠道信息认识自我、反思自我、调整自我。自我认识不能仅仅来源于一时一事的行动效果，而要综合多个角度和多个学期的学习过程与结果，以积极的观念评价自我，在静心思考的基础上，在与同学和教师讨论之后，做出有所改变的决策，善于发现同学好的学习方法，并为我所用。

第三节　小学生创新能力评价

一、创新素养评价的理论基础

创新能力是根据一定目的，运用一切已知信息，产生出某些新颖、独特、有社会或个人价值的产品的能力。创新素养是创造新产品、新思维所必需的基础性素养，是适应创新活动的必备品格与关键能力，包括发散思维能力、想象力、表达力和操作能力。

教育者评价小学生的创新素养时，主要关心的是小学生是否具有创新的潜力，是否能发展成为一个富有创造性的人。有学者提出用"萌芽的创造力"来描述小学生正在发展中的创造潜力。小学生的创新素养不同于专业人员，有其自身的特点，主要表现在：①创新活动产生的产品以个人价值为主，社会价值为辅；②创新活动产生的产品，以新颖性为主；③小学生这个群体中，创新素养不是少数头脑聪明学生的专利，而是每个学生都具有的，只不过表现形式因人而异；④在学生个体的不同年龄段表现出不同的特点，并非一种直线式发展。同时，在同一年龄段的不同学生个体之间，创新素养发展的差异也是十分明显的，这也正是教育可以对学生创新素养的发展产生作用的依据。

然而，鉴别一名小学生是否有"萌芽的创新素养"是很困难的。主要原因是小学生也许尚无能力充分地表达并与其他人交流其脑中独特的想法，而且具有"萌芽的创新素养"的小学生可能只在其感兴趣的任务中表现出创新行为。换而言之，比起成人，小学生创新素养的表现在更大的程度上受到学习环境的影响，如任务的反应要求、在一个特定时间内对任务的兴趣等。

创新素养是一个静态结构和动态结构相统一的心理系统，该素养应包括创造目的、创造过程、创造材料、创造结果中的认知和非认知因素等，思维与想象是创新素养中的认知因素，表达与技能是创新素养中的非认知因素。思维与想象过程确保了由已知到未知的转换和推理，表达能力与操作技能确保了转换过程的具体表现形式，表达是言语的表现形式，技能是动作的表现形式。思维与想象过程是表达与操作的基础，表达与技能又能证明思维与想象的缺陷和不足，提示新的思维方向和想象目标。因此，研究者和教育者应进一步考察现有的评价小学生创造力的各种方法，通过多种途径搜集资料，并尽可能地将这些方法结合起来使用，以做出一个更合理的判断。

二、作业评价的实践改革

传统作业评价的目标是通过学生获得的书本知识的数量与质量，进而衡量课程实施的效果。这种传统作业评价目标的主要问题有三点：①评价目标更多关注的是学生是否记住了公式、能否用公式进行计算，却很少关注学生掌握知识、技能的方法和过程，而对学生综合运用知识技能的能力，以及对在真实世界中运用书本知识创造性地解决实际问题的高级思维能力的发展不够重视；②评价目标的范围狭窄，只关心认知目标和学业成就，注重学习结果，而对学习者获得知识的过程、表征及其知识结构的变化则无法测评，对学生的情感、态度、价值观等非学业素养的测评更是无能为力；③评价目标与教育目标存在脱节，没有将丰富的知识应用融入作业之中。

传统的作业评价方法常常是：教师通过打钩、打叉、画几个五角星、写评语、给出等级或分数等形式，将一些结论性的文本符号呈现给学生。这种评价方法重分数、轻能力，重结果、轻过程，重教材、轻学材，重平均结果、轻差异程度。因此，传统的作业评价只是通过检查学生目前的学习水平来判断、甄别学生完成学习目标的程度，这种评价无法对小学生进行比较全面的考核，不能真实地反映学生的综合素养，特别是创新素养，同时不利于对学生学习兴趣的培养。

表现性任务是小学生创新素养评价和作业评价改革的有效形式。表现性评价是运用表现性任务来对学生进行评价的。开发、设计表现性任务是实施表现性评价的关键。表现性任务是具有一定情境的，任务的核心与真实的生活相联系，是具体的、巧妙设计情境的任务或活动，通常要求概念理解和技能运用能力的结合。

表现性任务主要有以下两个特点。①表现性任务要与学生的现实生活密切相关，具有真实性。那些可以反映现实生活的不确定性的表现性任务往往能引起学生的兴趣。表现性任务要与现实生活相联系，不仅仅要求它与学生当前的生活发生关联，也要求学生能够运用自己的知识和技能模仿成人在实际生活中处理问题的方法。因此，教师也可以设计一些有助于增强学生对未来生活适应性的任务。②表现性任务应提供学生感兴趣的、对学生有吸引力的情境或问题。判断表现性任务质量高低的最主要标准，是这些任务能否吸引学生的注意力。同时，表现性任务的设计要让学生乐于去完成任务。学生对表现性任务要产生一种兴趣和任务感，并且要有全力以赴去完成它的欲望。因此，表现性任务在问题情境的表述要简明、清晰，不能使学生在读到这些问题时感到无所谓或者没有兴趣。比如，"谁的头更大"这项任务就要求学生使用工具测量自己头围的长度，并把自己的测量结果与其他同学的进行比较，同时，也要测量教室中其他物品的周长，这主要是考查学生实际测量的能力、估测的能力以及记录数据的能力。

创新素养是一系列连续的复杂的高水平的心理活动，它与一般能力的区别在于，其具有新颖性和独创性。在我国经济转型的关键时期，社会对于人才的创造力有着越来越高的要求。数学教育，特别是小学阶段的数学教育对于学生创造力的培养具有不可替代的作用，有效的小学数学教学活动是培养学生创造力的重要途径。

在创新素养培养取向下的小学数学作业教学，其预期教学效果是学生在教师的激发和引导下，创造性思维和创造能力得到提升，并创作出新颖、多样化的数学问题解决方案。因此，创造力培养取向下的小学数学拓展作业的评价基础，应该是一种基于学生、作品和教师三因素的综合素养评价标准。

三、学科拓展作业

（一）开展学科拓展作业改革的目的

学科拓展作业是学生基于原有知识，通过课外实践，将课程概念与原理应用于真实问题的解决，开辟新知识领域的一种形式。它是学生主动学习知识的体验，是学生积累不同学习方法的实践。

教材知识简明扼要，像数学，对许多知识只是简单地进行一两句文字叙述，而拓展性作业有效地弥补了学生知识的不足，延伸了课堂知识的教学，扩展了教学空间。因此，学科拓展作业是学科教学从课堂延伸到课外的桥梁和纽带。学生完成学科拓展作业的过程有以下三个方面：①学生对教材知识的进一步深化和理解，获取更多相关的知识；②培养学生学习知识的各种能力，把在课堂中学到的学习方法在课外进一步巩固、熟练，在不知不觉中掌握学习的方法；③明白知识与生活的联系，知识来源于生活，并高于生活，不断地培养学生的实践能力。

（二）学科拓展作业的设计

实施学科拓展作业的关键在于拓展作业的设计。教师要对拓展作业进行周密的规划、细致的分析，研究实施拓展作业的方式方法，确定教师指导的重点步骤。同时，对拓展作业的讲评、展示形式要做到心中有数，实施拓展作业就有了成功的基础。

设计拓展作业，要以多变的形式、新颖的题型激发学生的兴趣，以综合的问题、多样的解题方法、多种问题答案激发学生的学习动机，促进其思维的发展，从而提高其分析问题、解决问题的能力，形成解决实际问题的思维品质。

（三）学科拓展作业的基本模式

拓展作业具有多样性、自主性、操作性和社会性四大特征。

第一，拓展作业强调解决问题方案的多样性，而且不设置标准答案，只要求解决方案具有一定的科学性和可行性。例如，三年级数学课程"时、分、秒"学习完毕之后，教师布置"10秒有多长"的拓展作业，要求学生广泛收集生活中一秒或几秒内完成的事情，并从中体验一秒的时间延续，形成准确的时间概念。为力求方案的多样化，要求学生在互联网上广泛搜集相关资料，将网络资料经自己修改后制作成文档，有能力的学生还可以制作成电脑小报。

第二，拓展作业强调学生的自主性，即学生自主确定作业的思路、过程和解决问题的方案。例如，五年级数学课程"小数的乘除法"教学完毕后，教师布置"家庭用水调查及节水方案"的拓展作业，其中，水的用途、水量的测量方法、测量时间、测量次数、测量结果的呈现都由学生自己确定，真正让学生体会到自己是作业的主人，体验到自身智慧的力量。

第三，拓展作业具有很强的操作性，需要学生利用绘画、模型、表演、口头表达等动作技巧完成作业。例如，五年级数学课程"长方体的认识"教学完毕后，教师布置"创意搭建"的拓展作业，要求学生用各种材料（吸管、火柴棒等）搭建由长方体构成的结构，若要结构牢固、外观新颖，学生必须耐心、细心、灵巧地运用自己的双手。

第四，拓展作业的社会性。完成拓展作业，需要学生与他人交流，而不是独自一人坐在课桌前完成。例如，3~4名学生组成小组，合作完成拓展性作业，依据小组成员的知识结构、学习能力、学习条件进行合理分工；学生需要与家长交流；把拓展作业带回家后，与家长一起探讨研究，在家长的指导和帮助下，一步一步了解拓展作业的专题知识，直至形成翔实的书面材料。这一过程实际上也是学生掌握学习方法的过程。另外，学生需要与特定岗位的人员交流，比如，为完成"菜市场的小调查"，要求学生到菜市场上与销售人员交流。这些交流活动很好地锻炼了学生的表达能力，增强了其问题意识，让学生融入了社会大课堂，使学生相信与人交流是创新思想的源泉。

为管理学生的拓展作业，任课教师建立了二级管理体系：①学生管理层面，以学习小组交流、相互学习为主，以择优推荐优秀作品为辅；②教师管理层面，指导和帮助学生高质量地完成拓展作业，并在各班级作业中选择优秀作业综合成拓展性作业集，反馈给学生，形成动态的管理系统。

（四）学科拓展作业的评价指标

学科拓展作业是创新能力与学科融合的具体形式。该作业的评价指标包括思维流畅性、思维新颖性、想象形象性、表达能力和技能学习质量，如表5-1所示。

表 5-1　创新素养的指标意义与评分标准

评价指标	指标意义	评分标准
思维流畅性	理解新的概念，表达出尽可能多的观念，具有提出多种解决问题方案的能力，它反映的是发散思维的速度和数量特征	5分：包含多种原理、工具、材料、观察与思考角度 3分：包含少量原理、工具、材料、观察与思考角度 1分：没有涉及原理、工具、材料、观察与思考角度
思维新颖性	做出不同寻常的、异于他人的新奇反应的能力，表现为各种新奇、罕见、首创的观念和观念之间的联系	5分：用的方法未在书本中出现过，组合方法独特，效率高，可行性强 3分：用书本中的方法，并重新组合 1分：用教材中的方法
想象形象性	对各种具体事物重新组合，通过创造新形象提高解决问题的能力	5分：运用丰富的图形、结构，表示概念原理和解决问题的过程 3分：运用少量的图形或结构，基本能表示解决问题的过程 1分：没有运用图形或结构
表达能力	把自己的思想、情感、想法和意图等，用语言、文字、图形、表情和动作等清晰、明确、有条理地表达出来，达到易于读者理解、体会和掌握的目的	5分：文字表述条理清晰、语句流畅，文章结构有步骤、有方法、有解释、有结果、有反思 3分：文字表述大致清楚，结构大致完善 1分：文字表述不清楚，结构不完整，意义不明
技能学习质量	操作各种实物，以动作提高解决问题的能力，包含各种技能的形成过程	5分：测量方法、安装方法、绘图方法的学习效率高，动作技巧娴熟 3分：能掌握测量技能、安装技能、绘图技能，动作技巧不太熟练 1分：学习测量技能、安装技能、绘图技能过程中有困难，动作技巧常出错

四、学生在学科拓展作业中的具体表现

设计拓展作业的目的是让学生对课内的知识进行巩固，所有的探究活动都是紧密结合教材设计的，这能让学生时刻留意生活中的点滴，做一个学习的有心人。通过这一系列的活动，培育了学生的创新素养。

（一）新颖性表现

作业"与 1 秒相联系的现象"具有新颖的特点，如眨一下眼睛，写一个"正"字，说一声谢谢，原地跳一下，深呼吸一次，抬头一次，打一个喷嚏……这丰富了学生对"秒"的理解、对"秒"的认识，不再是枯燥的理解，而是具有新颖性。

（二）丰富性表现

在"1 千米有多长"的作业中，学生表现出了无穷的奇思妙想，测量方式丰富多彩：有的用自己的双足测量，有的用步伐测量，有的用 App 记录步数，有的用共享单车及其 App 测量，有的用公交汽车结合导航 App 测量。

（三）想象力表现

小学生的想象力表现为多种形象由此及彼、重新组合或新联系的建构。他们会将买卖和天气联系起来，会将价钱和饮食喜好联系起来，会由吃菜联想到健康，甚至会建立价格、顾客回头率、利润三者之间的复杂关系。

（四）表达力表现

在数学教材四年级上册第三单元的测量中，有关"毫米"的认识，教师认为学生对"毫米"这一长度单位并不是特别熟悉，于是开展了这项探究活动。其要求学生每天测量豆芽的长度，如果画画功底好的孩子，还可

以把豆芽生长的样子画下来，最后写出观察日记。通过这种语文、数学跨界的表达方式，既使学生理解了数学知识，又培养了学生的表达能力。

（五）技能表现

小学生会运用动作、图形或结构等方式表现自己的探索成果。例如，在豆芽观察活动中，小学生运用自己的美术技能，描述豆芽的生长过程，既能抽象表达出豆芽的核心特点，又能准确把握发芽生长过程的时间特点，既形象又生动，非常有创意。

第四节　学业综合素养评价

学业综合素养评价体系着眼于学生的综合素养，内容包括学生的品德发展水平、学业发展水平、身心发展水平、兴趣特长养成、学业负担状况等关键性指标，重在考查学生的综合发展状况，因此被誉为"绿色评价"。

一、分阶段实施目标

（一）第一阶段实施目标

通过一年的实践，分项检测可以在一定程度上对学生的每一门学科都分项目进行评价，注重学生的各项成绩，并且摒弃了"一张试卷定输赢"的做法，让学生能在擅长的领域有更高的成就感。分项考试、分项评定，不再是一张试卷、一个分数，而是尊重学生学习中的个体差异，淡化横向比较，能比较全面地反馈学生学习的进步与不足，改进教学，更好地促进学生的全面发展。但是从学生的全面发展来看，分项检测仍然是不全面的，其评价的范围仅限于学科学业测评。对于学生的发展而言，评价不仅仅是对学习成绩的评价，还包括对品行道德的评价。推行"绿色评价"双轨模式，既对学生的学业状况进行过程性和总结性的测评，也对学生的道德素养发展进行激励性质的评价，并将评价延伸至假期实践中，在时间上全面覆盖学生的每一天，从范围上覆盖学生发展的每一板块，让更多的学生获得各种能力展示和获奖机会，也努力实现了学生学业和品德双轨并举，培养学优品正、蒙以养正的学校学子。

（二）第二阶段实施目标

1. 语文学科

①朗读：朗读优美语段、绘本。②拼音：卡片出示，电子白板演示。③写字：写字测试。④识字：识字大闯关。⑤说话：提供情境，在情境中说话。⑥朗读：由全体语文教师参与检测。⑦阅读：检测。

2. 数学学科

①口算：创设生活化的情境（买菜、超市结账）。②拼图游戏：根据要求拼图。③解决问题：思维游戏、益智类游戏（建立题库）。④钟表：根据要求拨一拨。

3. 德育

①评比学校十佳养正少年和优秀少先队员；②评比学校各班三好学生；③评比学校"特长生"。

4. 综合实践

设计开展假期作业"互联网+"评价活动，包括体育作业布置、英语微读等线上评价。

二、评价亮点

在本阶段，对项目的可行性进行科学的论证，并邀请专家、一线教师、学校行政人员三方进行论证，增强了项目的可行性和科学性，使方案实施内容具体清楚，实施过程可供操作和检测。同时，确定发展性项目的目标和内容能够不断完善、不断改进，不断适应学生的发展要求。在空间上，从学生的在校评价到寒暑假在家的评价，涵盖了学生发展的全部内容。另外，在实际操作中，增加以下两项亮点评价工作：①通过"互联网+"对学生的学业成绩进行测评；②通过微信微读在线上评价学生的家庭作业。

对学生的假期进行评价，构建符合小学生假期生活的模式。实施假期活动，是对学校现有教育教学育人功能的一个补充，用以解决常规课堂教学无法解决的事情。深入研究"你好，假期"活动，对改进教育教学工作而言，是一项意义深远的实践探索。

三、实施效果与多育并举

学校要生存发展，就要走出一条符合本校实际的特色办学之路。对于一所学校来说，学校的发展离不开学生的发展，而学生的全面发展更离不开完善有效的评价体制。学校应立足本校实际，构建出真正适合学生成长，促进学校发展的双轨评价体系，使学校的办学更具发展性。困难总是有的，面对困难，所有人都本着"路漫漫其修远兮，吾将上下而求索"的信念，克服困难，风雨无阻地前行。

第五节　课堂学习行为评价

一、研究的意义和价值

在传统的教学中，评价往往是在教学之后进行的一种独立活动，目的在于对学业结果进行判断。在"以人为本"的思想的指导下，树立科学的评价观。评价的真正意义在于全面了解学生的学习历程，激励学生的学习，改进教师的教学，促进学生的全面发展。正是有了评价的参与，学生才有可能达到预期的学习结果，因此评价应与教学同步，应自然而然地贯穿学生的学习过程。

为减轻学生课业负担，改变一直以来通过一张试卷评价学生成绩的现状，实施学生学业多元化评价。评价方案主要包括课堂表现、学后巩固、单元练习和期末分类检测四个一级指标，结合过程与结果全面评价学生的学习情况。从内容上看，此项改革改变了对学生评价的方式，实则是在迫使教师改变教学方式，均衡发展学生的综合能力；改变家长只关注孩子分数的观念，提高对孩子的学习习惯养成的重视度。

实施"多起点、过程性"的学业评价模式，评价过程力求摆脱应试教育的影响，发挥应有的检验、激励和导向作用，使学生乐学、善考，既减轻学生的负担，又确保教学质量不滑坡。绿色评价的本质是促进学生发展，让学生在评价中看到自己的优点、优势和进步。评价的指标不仅仅是分数，还应包括优良的行为表现；评价重在多元数据的积累与汇总，平时的点滴记录都是有用的。评价不单是横向比较，还应包括学生基线水平的比较，即对学生当前的表现与前一段时期的表现进行比较。

随着新课程改革的热潮一浪高过一浪，对学生评价的关注度不断提升。评价不再只是关注结果，更关注过程，评价的参与者也追求多元化，通过学生自我评价、学生相互评价、教师评价、家长评价、社区评价等全方位地反映学生多元化的发展需求、优势和不足，从而促进自我认识能力的提高。

二、评价改革的基本思路

第一，制定并实施德育与学业并重的多起点、过程性评价方案。

第二，以评价为导向，改变常规检测方式，促进教师的教学方式和学生学习行为的转变，更加均衡地发展学生的综合能力，全面地反映学生的知识和技能水平。

第三，以评价为导向，培养学生养成良好的学习习惯、作业习惯、听课习惯和思维习惯。

第四，通过多元化评价的实时反馈，为家校联系架起紧密沟通的桥梁；逐步改变家长只关注孩子的分数、不重视学习过程的观念，提高对学生学习习惯养成的重视度。

第五，运用数据分析技术，检验评价方案的实施效果。

三、改变"一张试卷论英雄"的评价模式

学习评价方案可根据小学低段语文、数学学科的特点，采用期末分类检测、课堂表现评价、课后作业评价和单元测验成绩等四种方式，评价学生的认读能力、书写能力、语感、表达能力、学习习惯和学习效果，各指标的分数各占一定的权重，以期评价学生学习的全过程。

四、课堂学习的过程性评价与课后练习的诊断性评价

学业评价在期末分类检测的基础上，对低段学生实施课堂表现、课后作业、单元练习及分类检测相结合的综合素养评价。课堂表现由任课教师根据学生当天的课堂表现，每天给予评价，学后巩固也是各学科教师根据班级和自身的习惯，每天给予评价，在实施方案的基础上，评价方式可以根据自身习惯适当进行更改，以上两方面由任课教师综合记录在一张学习评价单上。

五、评价结果的积极反馈

任课教师每周一次以反馈单的形式将学生的学习过程反馈给家长，在让家长了解学校新的评价模式的同时，也了解了孩子一周在课堂、作业方面的综合表现，可以增强家校联系的紧密性。

六、综合素养评价急需解决的问题

（一）教师工作量增大

低段学生学业评价系统的实行，在教师承担日常的教学工作、班主任工作之余，还需要教师花时间、精力关注每名学生的课堂表现、学后巩固情况，并每天有所记录，在无形中增加了教师的工作量。因此，在试行结束后，学校考虑到教师工作量负荷状态，尽可能缩短教师评价的时限，采用简洁的评价模式。在今后的改革实践过程中，学习行为评价需要运用加工信息技术，利用信息技术增强评价的准确性和全面性，减轻教师的工作

171

负荷，充分体现了综合评价的价值。

（二）学生的学业成绩是否能得到进步

离开应试教育的评价，减少大量的练习，不搞"题海战术"，就难以保证学生的学习成绩，由此如何向课堂教学要质量的问题就会随之产生。

（三）评价者的单一性

所谓综合素养评价，不仅仅是评价内容的多元，还应该包括评价者的多元，如何让家长、同伴参与到评价中，是需要突破的难题。

第六章　新时代基础教育课堂教学改革

第一节　新中国成立后的课堂教学改革脉络

新中国成立以来，我国的课堂教学改革随着整体教育事业的起步发展，动荡波折，再到恢复提升，经历了几次回转起伏，取得了显著成就。反思课堂教学改革的这一复杂历程，有助于我们进一步总结经验，展望未来，推进课堂教学实践的完善提高。

一、模仿借鉴时期

新中国成立后，百废待兴，对旧社会的政治、经济、文化进行全面改造是首要任务。在这一背景下，我国的基础教育也进入新的发展时期。受国家意识形态以及国际复杂形势的影响，至 1958 年，我国政府制定了全面学习苏联教育的总路线，大量引进苏联教育家的理论思想，邀请苏联教育专家来华讲学和指导，通过引进、移植、模仿等方式，逐步建立了与苏联趋同的课堂教学体系。

这一时期，对我国课堂教学改革影响最大的当属凯洛夫的《教育学》。

该书是对苏联 20 世纪二三十年代教育实践经验的系统总结，是一部以马克思主义的基本原理为指导来研究社会主义国家教育规律的理论专著。书中强调通过课堂教学系统学习基础知识和基本技能，重视教师的主导作用。通过学习苏联的教育教学理论与经验，我国基础教育课堂教学改革取得了明显成效。首先，提出了传授基础知识与基本技能，培养共产主义世界观和道德品质的教学目的观。其次，提出并论证了教学目标、教学任务、教学内容、教学过程、教学方法、教学组织形式等概念和范畴，形成了较为完整的教学理论体系。再次，以马克思主义认识论为基础，树立了较为科学的教学过程本质观。最后，以课的类型和课的结构理论为基础，规范了课堂教学的基本过程和阶段，便于加强课堂教学秩序，完成教学任务。

然而，由于缺乏理性的反思和批判，全面学习、复制、照搬苏联的教学经验，盲目排斥西方国家的教育经验和成果，对我国的课堂教学造成了诸多负面影响。比如，重教师而轻学生，课堂教学中师生关系不平等，学生成为被动接受知识的容器，个性发展被压制；在教学大纲、教学计划以及教学方法的统一要求下，教师重传授不重创新，课堂教学方式单一，模式化、机械化倾向突出。

二、自主探索时期

通过学习和借鉴苏联的教育，我国基本形成了自己的课堂教学雏形。然而，随着中苏关系恶化，如何摆脱对苏联的依赖，自主探索适合我国国情的课堂教学体系成为核心工作。这一时期的课堂教学改革先是根据国家形势发展需要对原有的苏联教学框架进行调整，注重知识的实用性，强调与生产劳动相结合，在教学方法上强调精讲多练；之后对学习苏联所进行的教学改革进行反思，比较、研究国外和我国的教学在目标要求、教学内容及方法上的异同，形成 1963 年的教学大纲。这个大纲是我国完成教学体系构建，形成注重"双基"教学特色的标志。这一时期，在教学理论研究方面，国内学者提出了教书育人、尊师重道、教学相长、"双基"教学、启发教学、循序渐进、精讲多练、学以致用、因材施教等许多教学原理和原则，并开展了诸如"自学辅导教学""集中识字"等以提高课堂教学效益为目标的改革实验。这一时期虽然短暂，但是重视基础知识与基本能力培养的教学观念对我国之后的课堂教学理论和实践发展产生了深刻的影响，甚至今天的课堂教学中还留有其深深的痕迹。

三、知能并重时期

1978 年，教育部颁发了《全日制十年制中小学教学计划试行草案》，颁布了全国统一的教学大纲，对课堂教学领域进行了全面的恢复。1981 年，教育部修订了小学教学计划，确立了小学各年级主要的课程设置，增加课时，改善课程结构，增加时代内容，提高课程难度。其间，课堂教学实践中出现了片面追逐升学率、过于重视知识传授而忽视智力发展等问题。对此，学界展开了关于传授知识与发展智力关系的大讨论。随后，课堂教学的重心由传授知识转向了发展学生智力，即将学生系统地掌握科学文化知识，学会运用基础知识与基本技能，同时促进学生智力的发展作为课堂教学的目标。

为了实现知能并重的课堂教学目标，我国基础教育课堂教学形成了"引进移植、延续实验和自主设计"三种改革策略。其一，国外教育教学思想的理论学习与实践改造。杰罗姆·布鲁纳的认知结构理论、奥苏伯尔的有意义学习理论、赞科夫的发展性教学思想、维果茨基的"最近发展区理论"等被译介到国内并被广泛学习和应用。在这些理论的影响下，人们开始突破"唯讲授法"的认识局限，研究在教师主导下如何引导学生主动地获得知识，培养智力。我国小学课堂中逐渐出现了发现学习法、暗示教学法、程序教学法、掌握学习法、问题讨论法、单元教学法等多样化的教学方法。其二，延续中断的课堂教学改革实验。许多 20 世纪五六十年代就已经开始而被迫中断的教改实验又重整旗鼓，恢复开展。

四、整体优化时期

20 世纪 80 年代中期以后，国家开始从教育整体改革入手推进教育发展。1985 年颁布的《中共中央关于教育体制改革的决定》构建了全面开展教育改革的框架蓝图。1988 年出台的《义务教育全日制小学、初级中学教学计划（试行草案）》和 1992 年印发的《九年义务教育全日制小学、初级中学课程计划（试行）》为基础教育的改革发展进行了具体规划。这一时期的课堂教学改革受教育整体改革的背景影响，开始拓展研究领域，从重点关注学生智力因素到智力因素和非智力因素并重，从开展单学科、单维度改革实验到加强教学目标、教学内容、教学过程的整体优化，在思想认识和实践推进方面都得到迅速提升。

这一时期的课堂教学改革主要以系统思维指导下的教学改革实验方式展开。针对前一阶段以知识教学为主，重智力因素轻非智力因素的问题，我国开展了一系列让学生在轻松愉快的情境中既获取知识又陶冶情感的教学改革实验，如"情境教育""愉快教育""成功教育""快乐教育""协同教学""合作学习"等。同时，学界从学生整体素质提升出发，从理论和实践两方面对如何发展学生个性和主体性进行了深入研究，一些教学改革实验也产生了广泛而深远的影响。

五、讲授式知识课堂的全面改造时期

新中国成立后的半个世纪中，虽然我国基础教育课堂教学改革的步伐一直没有停止，对课堂教学的理论思考和实践探索也越来越系统与深刻，但总体来看，这段时间内的课堂教学改革基本在以书本知识和讲授方法为主要特征的传统教育教学范畴内运行。随着信息技术在社会各领域的广泛应用，人们的生产生活方式发生了翻天覆地的变化，传统学校教育模式培养出来的人才已经无法满足 21 世纪社会发展对人才规格的需求。全球范围内发达国家的基础教育改革普遍呈现出关注生命价值、强调素养提升的发展趋势，这对我国基础教育研究和改革产生了重要影响。在此背景下，我国教育部颁布《基础教育课程改革纲要（试行）》，在我国基础教育阶段，从价值取向到课程的结构、内容、实施、评价、管理等，开展全方位的系统改革。这次改革被简称为"新课改"。课堂教学改革是"新课改"的核心部分，在这次改革中经过了系统的规划设计，是对我国长久以来的传统课堂教学模式的全面改造和超越。鉴于这一时期的改革还在持续进行，有必要深入细致地考察和审思，以便更好地优化课堂教学实践，所以下面作为单独的一部分进行具体分析。

"新课改"以来的课堂教学改革是在基础教育课程改革的整体背景下展开的，系统梳理其理念、目标与内容、改革策略、教学模式及其取得的成就，有助于我们更准确地把握当前我国课堂教学改革的内在逻辑，合理认识和推进课堂教学改革的深化发展。

第二节　"新课改"以来的课堂教学改革

一、课堂教学改革的基本理念

"新课改"以来的课堂教学改革是在综合分析世界范围内基础教育课程教学改革的趋势，深入调研我国基础教育教学现状，并从理论上进行分析论证后，确立了改革的基本立场、理念，进而深入实践进行的改革行动。

要准确把握本次课堂教学改革，首先应该明确这次改革的基本理念。

（一）以学生为本

课堂教学改革的最终目的是更好地促进学生发展，因而，在进行课堂教学改革的过程中必须树立以学生为本的改革取向，注重教学的学生发展价值，注重教学对学生发展的适应和促进。

首先，重视学生在教学中的主体性。学生的主体性是学生在教师指导下积极主动地进行学习时表现出来的一种主观能动性。在传统课堂教学中，学生被放在一个从属和被动的位置，学生的主体性缺失是不争的事实。本次课堂教学改革强调学生是认识的主体，只有充分发挥学生的主体性，学习才能真正发生。要发展学生的主体性，一方面，需要根据学生的兴趣、需要以及所接受的外部要求培养学生处理外部信息的能动性、自觉性和选择性；另一方面，需要根据学生的知识经验、情感、意志、性格等影响因素培养学生处理内部信息的自主性和创造性。因此，发展学生的主体性实际上是在培养作为认识主体的学生处理外部信息与内部信息的主观能动性。

其次，重视学生的全面发展。在课堂教学中，学生是一个完整性的存在，学生的发展是由自然与社会、心理与生理、物质与精神、理性与情感、科学与人文等多层次、多因素构成的综合体。针对传统课堂教学中单纯地将学生视为一个认知性个体，片面地追求知识、技能、学习成绩而忽视学生健全的人格、强健的体魄、积极的人生态度、正确的价值观等方面培养的现实，本次课堂教学改革力图打破这种狭隘的教学定位，真正关注学生的现实需要，唤醒学生的潜能，促进学生自主、全面、可持续地发展。

（二）教师即研究者

教师作为课堂教学改革的主力军，其角色定位以及对课堂教学的把控能力深刻地影响着改革的成效。本次课堂教学改革超越过去统一性、模式化的改革方式，关注实践者的个别差异和个性特色，鼓励教师以研究者的身份加强对课堂教学的研究，不仅关注教什么和怎么教的问题，还要深入考虑为什么教的问题，从而使自已成为真正的教学主体，形成自己的教学特色和风格。因此，在本次改革中，教师不再只是知识的传授者，还是课程的创造者；教师也不再是真理的垄断者和宣传者，而是成为积极的指导者、探索者和研究者。

作为研究者的教师，应立足于真实的课堂教学情境，研究、创生课堂教学活动。首先，教师要树立正确的研究意识。教师要研究的是教学中遇到的真问题，而非假问题；研究的目的是指导教学实践、解决教学问题，而不是刻意地追求课题立项、发表论文以及获得各种外部奖励；研究的过程中要树立自主意识，不要过多地依赖专家学者的指导，更不能只是单纯地执行他人的命令。其次，教师要增强自身的专业理论素养，实现理论与实际教学经验的结合，并将教学经验上升为具有一般规律性的可以推广的教学成果。最后，注重反思性实践。在反思性实践中，教师既需要具有课堂教学技巧，还需要具有对教学方法、教学内容进行反思、研究、改进的能力，以及能够对教学的社会价值、人的发展价值等深层问题进行探究、处理和评价的能力。教师对日常的教学实践进行反思，使教学实践与理论相结合，可以有效提升自身思维和行动的自觉性。

（三）回归生活世界

关注学生，关注学生的现实生活，关注学生的生活意义和价值，是课堂教学的出发点。然而，传统的课堂教学却人为地割裂了学生的生活世界与科学世界的联系，使学生存在于抽象的书本知识与符号世界中。具体来说，在教学目的上，传统的课堂教学视学生为"认知体"，忽视了对学生生活世界的观照；在教学内容上，过于重视书本知识的教学，而忽视了与学生生活密切相关的内容，使学生被隔离于生活世界之外；在教学方式上，过于重视传授式教学，而忽视了体验式、探究式、活动式教学，学生无法真实地体验、感受直接经验。针对传统课堂教学脱离生活的问题，本次改革强调回归生活世界，全面地观照学生的社会生活、理性生活、道德生活和审美生活，注重学生对生活的认知、理解、体验和感悟。

回归生活世界的课堂教学，需要充分重视学生的现实生活，以学生的现实生活为基础，不断地改进学生的学习方式、学习状态；需要实现书本知识与学生生活世界、间接经验与生活体验的有机统一，构建学生与生活世界的丰富、生动的意义关系，激励学生去认识世界、体验生活、理解生活，培养学生发现问题、分析问题、解决问题的能力；需要关注学生的生活意义与生命价值，构建学习与生活共同体，倡导学生能够在立足于生活世界的基础上自主活动，通过对话与交往的方式来促进发展，最终把学生培养成个人生活和社会生活的主体，实现个人价值与社会价值的统一。

二、课堂教学改革的目标与内容

明确目标是课堂教学改革的起点，关涉人的培养与发展指向，其定位将影响到改革的内容、方式、效果等一系列问题。把握 21 世纪以来课堂教学改革的目标与内容，需要在深入解读《基础教育课程改革纲要（试行）》、领会"新课改"理念的基础上进行。

（一）课堂教学改革的目标

每次课堂教学改革都会涉及培养什么人的问题，只是在不同社会发展背景下，具体的关注点和内容有所不同。"新课改"以来，我国课堂教学改革中促进学生全面发展的目标更加明确。

《基础教育课程改革纲要（试行）》明确指出："新课程的培养目标应体现时代要求。要使学生具有爱国主义、集体主义精神，热爱社会主义，继承和发扬中华民族的优秀传统和革命传统；具有社会主义民主法制意识，遵守国家法律和社会公德；逐步形成正确的世界观、人生观、价值观；具有社会责任感，努力为人民服务；具有初步的创新精神、实践能力、科学和人文素养以及环境意识；具有适应终身学习的基础知识、基本技能和方法；具有健壮的体魄和良好的心理素质，养成健康的审美情趣和生活方式，成为有理想、有道德、有文化、有纪律的一代新人。"

《基础教育课程改革纲要（试行）》中对人才培养的要求内含着课堂教学改革的目标内容，体现出课堂教学改革目标的完整性，在重视基础知识和基本技能提升的同时，强调学生创新精神和实践能力的培养，关注学生环境意识和社会公德的培养，强调科学和人文素养的结合，使学生既能保持身体健康和心理健康，又能很好地适应社会生活，体现了课堂教学改革以学生德、智、体、美、劳全面发展为目标的基本指向。

（二）课堂教学改革的内容

结合"新课改"的整体思路，本次课堂教学改革从教学功能的拓展、教学内容的整合与优化、教学方式的创新和教学评价的改进四方面展开。

1. 教学功能的拓展

针对基础教育课堂教学以知识为本，过度关注知识传授而忽视学生情感态度与价值观培养的现状，本次改革力图突破这种境遇，使学生在获得基础知识与基本技能的同时，也能学会学习，形成正确的价值观和积极主动的学习态度。

教学功能的这种转变对不同阶段、不同学科的教学在知识与能力、过程与方法、情感态度与价值观等方面都提出了基本要求，强调教学要推动每个学生身心健康发展，培养良好的品行和终身学习的愿望与能力，正确地处理知识、能力、情感、态度、价值观之间的关系，克服过度重视知识传授和技能训练的倾向。在具体的课堂教学实践中，每个学科的教学都按照"三维课程目标"的基本框架尽可能发挥课堂教学的多方面育人功能。

2. 教学内容的整合与优化

"新课改"前的小学课堂教学内容存在诸多问题：重视书本知识，教材内容更新缓慢，内容与学生现实生活缺乏联系，"繁、难、偏、旧"现象突出，学生学习负担重，兴趣低。对此，新课堂教学改革强调教学内容与学生生活以及现代社会科技发展的联系，关注学生的学习兴趣和经验，注重精选学生终身学习必备的基础知识和技能。为了培养学生的学习兴趣和实践能力，在充分考虑学生个体发展的整体性和现实知识的综合性的基础上，本次课堂教学改革在内容方面，强调对不同学科知识进行合理的整合与优化。一方面，打破传统学科课程知识纵向和横向上机械分割的状况，加强学科内部和学科之间知识的有机关联；另一方面，精选现实社会中的新知识经验和学生的实际生活经验，适当纳入课堂教学，提升教学内容的时代性和实践性。

3. 教学方式的创新

"新课改"前的课堂教学以讲授法为主，容易导致知识的机械灌输和学生的死记硬背；以集体教学为主，对学生的个别差异和指导关注不足；师生之间以单向的信息传输为主，呈现出一种控制性特征。为了实现培养学生创新精神、实践能力，提升综合素质的目标，本次课堂教学改革倡导多元化的教学方式，强调充分利用现代化的信息技术手段和教学工具，在课堂教学中增加体验性教学、探究性教学、发现式教学、小组合作学习等教学方式，切实培养学生搜集和处理信息的能力、获取新知识的能力、分析和解决问题的能力以及交流与合作的能力。这些创新性教学方式不仅带动了教师教的方式的转变，同时也带来了学生学习方式的转变，学生由被动学习者逐渐发展为主动学习者。

4. 教学评价的改进

教学评价是教学过程的重要环节。教学评价可以诊断和鉴定教师的教学情况和学生的学习情况，从而为课堂教学的改进提供依据，激励和引导师生及时调整教学活动，提升教学效果。"新课改"前，人们过多地关注课堂教学评价的甄别与选拔功能，导致了严重的"唯分数"与"唯升学率"的倾向。本次课堂教学改革充分提升教学评价在促进师生发展和推动教学实践改进方面的功能。具体来说，在教学评价的内容上，要改变过于偏重对学生知识与能力评价而忽视过程与方法、情感态度与价值观评价的状况，促进评价内容的多元化；在教学评价的主体上，要改变政府评价学校、学校评价教师、教师评价学生的单一、单向的评价现象，发挥政府、学校、教师、学生、家长等不同主体的价值，促使教学评价更加科学、民主；在教学评价的方法上，要改变纸笔测验的单一方式，采取笔试、口试、课堂观察、课后访谈、建立成长记录袋、调查和实验、撰写活动报告等多种评价方式；在教学评价的关注点上，要改变过于重视结果而轻视过程的倾向，加强对教学过程中学生表现的关注，使过程性评价与结果性评价相结合，更好地促进学生的发展。

三、课堂教学改革的主要策略

虽然本次课堂教学改革是在国家统一推动的"新课改"大背景下开展的，但在实践层面，改革包括"自上而下""自下而上""自中而上"三种策略。

（一）自上而下的改革策略

一场课堂教学改革是由众多因素共同推动的结果，而国家或地方教育行政部门往往是其中最直接的影响因素。我国的课堂教学改革大部分遵循自上而下的改革路径，这种自上而下的改革在实践中强调学校的各种因素要与改革的要求相一致。具体来看，表现为两种主要形式：一是政府控制下的"研究—开发—推广"策略，即政府部门组织专门人员对课堂教学改革进行专门研究，并开发、设计出一致的教学改革方案，形成规范的教学流程，最后在一定的区域内推广，要求各学校无条件地贯彻、执行；二是政府主导下多元主体参与策略，即在政府主导之下，让专家、教师、家长、学生、社区代表等群体参与到改革方案的制定、实施环节中，同时，适当考虑不同学校的现实条件和社会准则等多方面的因素，并且在推广改革方案时允许各学校自愿选择。与第一种策略相比，第二种策略更进了一步，综合考虑了多因素的影响，改革过程较为民主，因而改革的阻力相对较小。

这种由官方主导的"自上而下"的改革策略在实践中有其积极效应，不仅可以借助行政的力量推动改革，还可以对改革的实施情况进行监督、调控，有助于冲破阻挠改革的藩篱。当然，这种改革策略的局限性也是显而易见的。首先，采取整齐划一的改革策略，以行政力量强制要求学校推行改革，容易淹没学校的个性化需求，造成学校的敷衍，导致改革流于形式。其次，"自上而下"的改革策略容易形成线性的、僵化的操作化、技术化模式，导致改革的创新性不足。最后，官方主导的改革易受政策与领导人变更因素的影响，导致改革的连续性、实效性降低。

（二）自下而上的改革策略

课堂教学改革的目的最终是要满足学生发展的需要，因而，课堂教学改革不仅需要政府的外部推动，还需要考虑师生因素。当学校师生主动检视课堂教学中的问题时，学校师生就可以成为改革的发起人。事实上，政府主导的"自上而下"的改革策略显现的诸多局限在很大程度上是由于缺乏对师生这一重要改革主体的现实观照。因而，以师生为主导的"自下而上"的自觉行动是使改革落到实处的原动力。

这种改革策略在实践中主要呈现为两种方式：一是整合发展策略，即从处理教师当下关心的课堂教学问题入手，整体规划学校系统内的组织变革；二是顺序推进策略，以教师作为变革动力，从教师对教学单元的设计入手，以教师小范围的主动革新为基础，逐步扩展到整个课堂教学的改革。近年来，由教师发起的课堂教学改革实验越来越多，这种植根于广袤土地上的草根化改革策略在实践中产生了重大影响。它不仅调动了教师教学的积极性与主动性，革新了教师的课堂，促进了教师专业发展和学生发展，还推动了学校的整体性变革，甚至带动了区域内整个学校教育的变革。对于这种改革，政府、学校等群体应该给予更大的自主权，并提供适当的帮扶与指导，以更有效地推进课堂教学改革的深入发展。

（三）自中而上的改革策略

我国的课堂教学改革除了以政府主导的"自上而下"的改革策略和以教师个人或群体为主导的"自下而上"的改革策略外，还有一种居于两者中间的策略，即由学校发起变革的策略。与前两种策略相比较，这种策略选择了一种折中的路线。持这种改革策略观点的人认为，"自上而下"的策略过多地依赖于行政力量，"自下而上"的策略又必须以教师个人或群体的倾向性为改革的前提，且这两种策略的主观性因素太强，不能全面反映学校课堂教学的整体性需要，因而，学校应该承担起课堂教学改革的重任，作为发起变革最合适的机构。

这种改革策略，一方面，广泛联合政府、家长以及社区等校外人士或机构，争取更多的改革资源；另一方面，在学校内部创设有利条件，广泛调动师生参与改革的积极性。实践表明，这种折中的改革策略的确有效地促进了课堂教学的改革，在很大程度上满足了师生的需要，得到了社会的广泛认可。

四、课堂教学的主要模式

自"新课改"以来，我国课堂教学改革领域诞生了诸多教学模式，在很大程度上促进了课堂教学质量的提升。人们根据对教学模式特性的不同认识，把这些教学模式划分为不同的类别。从课堂教学改革关注点的变化来看，先学后教模式、情境教学模式和主体性教学模式是近年来广受关注的典型模式。

（一）先学后教模式

先学后教模式是针对传统课堂教学中"教师先教，学生后学"，学生消极被动，知识掌握和能力发展低效的问题，在提升学生学习的主体性和主动性的实践改革中逐渐形成的新型教学模式。先学后教模式以学生的知识掌握和智力发展为核心目标。

在教学过程中，学生先根据教师布置的任务进行自主学习，对于自主学习过程中遇到的问题，学生可以进行小组合作和交流讨论；对于学生难以自行解决的疑难问题，教师在课堂上进行点拨和讲解。杨思中学是较早采用先学后教模式的学校，其后又出现了东庐中学的"讲学稿"模式、杜郎口中学的"三三六"模式、昌乐二中的"271高效课堂"模式等一批先学后教模式的实践做法。

为了呈现先学后教模式的样态，这里以杨思中学的"先学后教，当堂训练"模式为例进行系统介绍。该模式主张教学分为三部分：一是"先学"，即利用导学案，教师简明扼要地出示学习目标，提出自学要求，进行学前指导，然后提出思考题，规定自学内容和时间，让学生自主学习并完成自测题目；二是"后教"，在学生自学的基础上，师生、生生之间互动式学习，教师对学生解决不了的问题进行有效的讲解；三是"当堂训练"，即在"先学"与"后教"之后，让学生通过一定时间和一定量的训练，应用所学过的知识解决实际问题，加深理解课堂所学的重点、难点，当堂消化，之后教师不再布置课后作业。综观先学后教模式的基本流程，该模式具有四个基本特点：第一，突出学生自学，强调学生的学习时间；第二，突出"兵"教"兵"的价值，即针对学生在课堂上与课后暴露出来的问题或训练中存在的错误，教师指定会的学生教不会的学生，结成帮扶对子；第三，学生课堂上紧张，课下很轻松；第四，学生在"做"中学，每一个环节都让学生"做"，自学不单纯看书，边看边动手操作，动眼观察，动口交流，使学生能亲身感悟知识产生和发展的过程，培养学生的自主学习能力。

先学后教模式在实践中取得了明显成效。首先，它变革了传统的教学观和学习观，突破了先教后学的弊端，使学生成为学习的主人，促进了学生的自主学习。其次，它促进了师生关系由传统的主客体向双主体的转变，教师与学生都是教学的主体。再次，它促进了学校整体面貌的转变，教学质量显著提高。最后，作为一种土生土长的教学模式，先学后教模式丰富、完善了我国的本土化教学理论。当然，每种模式都不是完美的，都有其自身局限。先学后教模式也不例外，其局限主要有三方面。其一，先学后教模式主要侧重于教学的程序和流程的变化，有其自身的适用范围和环境，在推广的过程中，若其他学校机械照搬，很容易造成教学模式的泛化。其二，这种以学生自主学习为主要内容的教学模式很容易造成学生重知识、能力而忽视情感态度与价值观的倾向，易造成教学目标的游离，尤其是在缺乏教师引导的情况下，这种倾向更加严重。其三，虽然先学后教使得学生学习的主体性得到了体现，但是教师教的价值却容易被弱化，容易造成教和学关系的割裂，同时学生先自主学习容易增加学生的学习负担，而且可能在班级中造成两极分化。

（二）情境教学模式

学生的发展具有整体性，智力因素与非智力因素之间是相互影响、相互制约的。针对课堂教学改革中出现的重视认知发展而忽视情感、意志、价值观等非智力因素发展的偏向，许多学校和教师从发展学生非智力因素的角度进行了改革尝试，出现了如"情境课堂""交往课堂""生态课堂"等多样化的教学实践改革。这些改革围绕培养学生非智力因素这个核心，强调从创设教学情境的视角去变革课堂。这种课堂教学模式可以概括为情境教学模式。

所谓情境教学模式，就是通过创设生动具体的教学场景和活动情境，激发学生的学习情绪，达到情境（景）交融的教学效果的一种教学模式。情境教学模式主要由情境创设、情境体验、情境评价三个环节构成。

1. 情境创设

在情境教学的过程中，情境创设是关键环节，它直接影响教学的效果。情境创设是指依据明确的教学目标，充分利用已有的教学材料来规划、设计教学情境，为教学活动的开展提供一定的教学环境。

2. 情境体验

情境体验是情境教学的核心环节。情境体验的出发点在于将教学内容与学生的生活经验结合起来，通过情境唤醒学生对教学内容的感知与理解，使学生加深体验，进而通过直观的情境体验所引发的认知、情感、道德等方面的冲突，不断引导学生建立更完整的知识框架，激发学生的创新性思维，丰富学生的情感。情境体验的方式主要有自主体验与合作体验两种。自主体验是指学生个体在情境教学的过程中通过主动地参与、自我反思来促进自我知识体系完善，情感、道德升华的过程。合作体验主要指在教师的引导下，学生群体在情境教学的过程中围绕某一主题开展的诸如课堂游戏、情境探究、角色互换、主题辩论等团体活动。

3. 情境评价

由于情境教学的自身特色，对其评价兼具随机性和正式性两方面的特征。从注重教学过程评价上看，师生之间、生生之间的经验交流以及课堂提问式的教学总结和情境升华贯串整个课堂，评价可以随机进行；从阶段性教学总结上来看，正式的考试评价依然发挥着重要作用。

情境教学模式在实际的课堂教学中发挥了重要作用。它有效地纠正了课堂教学中注重认知发展而忽视情感、道德、个性等非智力因素发展的倾向，使学生在习得系统知识的同时，获得非智力因素的发展，通过"育人以情"，实现了育人目标的有机整合。此外，它立足本土教学实践，进一步丰富了我国的教学理论与实践。需要注意的是，各学校在推广和运用情境教学模式时，需要结合本校和师生的具体特点与条件进行适当的调整，否则，照搬照抄的模仿行为会造成教学效果的弱化。

（三）主体性教学模式

主体性是人区别于其他动物的标志，它最能体现人的本质力量。要充分发挥社会成员在社会历史发展中的能动作用，就必须注重在教育过程中调动、培养和不断提高学生的主体性。多年来，主体性教学一直是课堂教学改革的重要课题，诸如"小学生主体性发展"实验、"自学探究"实验、"主体活动教学"实验等，在培养学生主体性方面取得了丰富的经验和成效。

主体性教学模式具有以下主要特点。首先，它以实现教学过程中师生双方主体性的双向建构和充分发展为目的，以培养和发展学生的主体性为最高追求。在课堂教学中，教师与学生不再是知识传递与接受的主客体关系，而是平等、民主的双主体关系，双方在建构和生成课堂的过程中具有平等的话语权，并且能够积极地开展对话与合作，共同致力于课堂教学的建构。其次，它赋予教师以全新的主体性并对教师提出了更高的要求。传统教学观念中的教师被视为课堂的主宰者、师生关系的领导者，而在主体性教学改革中，教师主体性有了新的定义，教师是与学生共同建构课堂的主体，是平等教学关系中的首席。对于教师主体性的重新定位有助于改变人们对教师的片面认识，也有助于教师塑造自身的主体性品质。最后，主体性教学强调教学活动的自主性、开放性和创造性。在教学过程中，教师与学生要充分发挥自身的主体性，理性地选择并吸收他人的优秀成果，并结合自身的特点，形成符合自身特色的教与学的风格。

主体性教学模式有诸多的改革实验，"小学生主体性发展"教学模式是较早开展且具有较大影响的实验之一。"小学生主体性发展"教学模式以马克思关于人的全面发展学说与教学认识论的基本原理为依据，以发展小学生的主体性为目标，通过树立教育主体观念，严格地进行基本训练，真心实意地把小学生当作主体，逐步调整、改造现行的教材教法和管理办法，发展、提高小学生的独立性、主动性和创造性。主体性主要包括自主性、主动性和创造性三个本质特征。学生的主体性发展水平一方面表现为主体意识，另一方面表现为主体能力。该实验坚持两个基本原则。一是要严格地坚持基本训练。基本训练的内容包括学生的德、智、体、美、劳诸多方面的发展。要发展学生的主体性，关键在于改善主体结构。因而，必须严格地进行基本训练，不搞形式主义，不搞"花架子"，将学生的全面发展落到实处。二是诚心诚意地把小学生当作主体。其检验标准有两个：是否真正确定了每个学生都有主体性，每个学生都能发展主体性的观念；是否为学生提供了发展主体性的良好环境和条件。

主体性教学模式的广泛推广与实施对教学理论与实践产生了重大影响。首先，它将学生主体性的培养放在课堂教学改革的最根本目的上，学生的全面发展得到重视。其次，它对师生关系重新进行了定位，促进了民主、平等师生关系的塑造。最后，它对课堂教学过程有了新的认识，即课堂教学是师生这一双主体通过双向建构、对话、互动而形成的，能够促进教学过程与教学效果的辩证统一。当然，主体性教学模式现在仍处在进一步建构和完善阶段，在实践中还不同程度地存在形式化的现象，后续研究应进一步把握主体性实质，加强理论指导和实践优化。

五、课堂教学改革取得的成就

进入 21 世纪以来，随着"新课改"的不断推进，我国的课堂教学实践发生了巨大变化，课堂教学改革成效显著。

（一）现代教学意识逐步形成

正如有学者说，我国的"新课改"带给实践者的是一场思想意识的启蒙，随着课堂教学改革的推进，人们的教学意识和观念得到了明显的优化提升。首先，二元对立的思维模式得到了改变。知识与能力、间接经验与直接经验等在教学中的关系由对立走向了统一；只关注教学中的概念、推理、逻辑等理性思维与只关注教学中的活动、体验、感悟等形象思维的片面认识得到了优化；只重视知识的系统性和授受性而忽视师生探究生成的观念得以修正。其次，形成了学生主体的全面发展观念。由传统的注重"双基"的偏智力教学观转向"加强基础，发展智力，培养非智力因素"的整体发展观念，注重学生的整体素养和可持续发展，强调人的生命意义与价值的实现，学生的主体性得以凸显。最后，教师的自觉意识明显增强。一线教师积极主动地通过理论学习、考察交流、多元教研等渠道深入研究和改革课堂教学实践，涌现出诸多富有成效的课堂教学改革模式与经验成果，有效地推动了基础教育的发展。

（二）课堂教学活力不断增强

在基础教育课程改革背景下实施的课堂教学改革，视野更加开阔，体系更加完整，师生的主体性得到更好发挥，课堂教学更具活力。传统课堂中经常存在体罚、辱骂学生的现象，学生害怕教师、畏惧课堂的问题非常普遍，教师权威的过度彰显挤压了学生自由表达的空间，专制型师生关系的存在压抑了学生个性的释放，课堂教学氛围往往压抑、沉闷。新课堂教学改革实施以来，教师的教育教学观念发生了转变，爱、希望、信任、责任感、自由、民主等观念弥漫于课堂教学中，杜绝了教师"一言堂"的现象。传授式教学统领课堂的局面被逐渐打破，自主、合作、对话、探究等教学方式被广泛应用于课堂教学中，师生关系变得和谐、融洽，课堂教学氛围发生了质变，机械、单调、乏味的传统课堂正被教师乐教、学生乐学的新课堂所取代，当下的课堂正显现出丰富的活力。

（三）学生的主体性发展得到重视

近年来的课堂教学改革举措有效地激活了学生的潜能，促进了学生的发展。首先，学生由学习的客体变为学习的主体。随着"新课改"的推进以及现代化教学媒体的更新，学生不再是被动接受知识的对象，而是主动探索、乐于思考的学习的主人，学生的主体意识得到了提升，主体价值得到了彰显。其次，学生的自主学习能力得到了增强。在课堂上，学生不仅能够在教师的引导下学到知识，还能够动手实践和操作，提高了自主探究能力；合作学习、分组讨论等活动培养了学生的表达能力与合作意识；通过开展各种自主实践活动，学生增强了自主意识和实践创新能力；教师通过创设各种问题情境，引导学生提出问题、分析问题和自主解决问题，提升了学生的思维能力、解决问题能力。最后，学生的个性化发展更加鲜明。当下的课堂教学不仅注重学生整体性的发展，还十分关注每个学生的个性化塑造。课堂中，针对性教学、差异化教学、分层教学的广泛实施对于释放学生的个性，培养学生的兴趣和动机，满足学生的差异化需求，促进学生的独特性发展，发挥了重要作用。

（四）教师的教学行为明显优化

与传统课堂教学中教师固守经验、单兵作战、控制课堂的主要特点相比，当下课堂教学中的教师行为已经发生了明显转变。从师生关系来看，教师的教学行为由控制型向民主型转变。在"师道尊严""学高为师"古训的影响下，教师凭借丰富的知识积累，成为师生关系的上位者和课堂教学的主宰者，教学目的的制定、教学内容的选择、教学方式的确定等教学环节基本由教师掌控。而自"新课改"以来，课堂教学中教师的教学行为逐渐从控制型转向了民主型，课堂教学不再只是教师的"一言堂"，而是与学生平等交流、共同协商、教学相长的过程。从教师与教师的关系来看，教师的教学行为由隔离型向合作型转变。传统课堂教学中，受"专业个人主义"认识和功利主义思维的影响，不仅不同学科的教师之间存在封闭、孤立的教学工作状态，同一学科的教师同样存在大量的"单干户"。随着"新课改"理念的不断深入，教师之间逐渐趋向于协同合作。从教师自身的角度来看，教师的教学行为由守成型向创新型转变。受传统教学文化的影响，教师在以缺少疑问、缺少反思而服膺权威、听从指令的文化传统中建构出来的"教学习性"则使得日常教学生活更加趋向于稳定守成而不是自觉变革。教师的这种固守现状拒绝变革的认识使课堂教学陷入了一种只需执行既定教学程序的怪圈，弱化了教学实效。随着本次课堂教学改革的不断推进，教师的主体意识和专业能力普遍提升，教师的教学关注点正由"重教"向"重学"转变，教学方式由"唯传授式"向多元化教学方式转变，教学目的由培养智力型人才向培养全面发展型人才转变，教师守成型的教学行为正在被创新型行为所打破。

第三节　课堂教学改革的反思与展望

课堂教学改革是一项长期性和持续性的工作，不断对已有的实践进行审视与反思，发现其中存在的问题，进而做出理性应对，是推动改革良性发展的必然路径。

一、课堂教学改革的反思

任何实践都是在不断的反省改进中优化发展的。我国的课堂教学改革经过几十年的探索历程，取得了显著成效，同时，随着时代的不断发展变化，课堂教学也会出现不能适应新的理念认识和实践需求的情况。客观地反思当下的课堂教学实践，深入分析其中存在的问题及原因，将有助于我们更好地把握课堂教学的未来趋向，并采取针对性措施改进实践。综观我国当前的课堂教学改革，在教师教学观念、实践行动、教学管理等方面依然存在一些现实问题和不足。

（一）教师教学观念与实践改革需求的背离

教学观念是关于教学本质、教学价值、教学方法、教学内容、教学评价等问题的看法、理解与思想，它与教学实践有着密切联系。在我国课堂教学的改革过程中，虽然教师的改革意识有了明显的提高，但受外部文化传统、评价机制、社会观念以及教师自身思维方式、教学经验等因素的制约，许多教师的教学观念与当前课堂教学改革的新理念仍有较大差距。这些教师的陈旧教学观念对课堂教学改革的实践推进造成了不同程度的阻碍，这种阻碍可以分为三种不同情况。第一，不理解、不认同新观念，不用于教学实践。这是一种典型的守成主义教学观。持这种观念的教师坚守传统的教学观念，排斥新的教学理念，在实践中拒绝开展课堂教学改革。在他们看来，经过实践检验的传统教学观念和实践做法是最可靠的，改革是冒险行为，要付出更多的时间与精力，且需要承担失败的风险，维持现状要比改革更能保证实效。第二，理解但不认同新观念，不用于教学实践。这是一种在教学上求安逸、求舒适的教学观。持这种观念的教师的文化水平、专业素养较高，他们能够较好地理解新理论，把握课堂教学改革的新理念，但在面临课堂教学变革时，他们选择规避、拒绝。究其原因，受学校传统的教学氛围、教学评价以及教师自身教学需求的影响，这些教师担心自己的利益受到损害，不愿意背上变革课堂教学的沉重包袱，不愿意冒险改变自己熟悉的工作程序，他们宁愿维持自己并不满意的教学现状，也不愿意去创新。第三，认同新观念，但理解片面，不能有效地指导教学实践。这种认识又可以细分为两种情况。一种是心理上认同，但不求甚解，缺乏深度变革的意识。持这种观念的教师的主要目的不是要真正地变革课堂教学，而是受到周围课堂教学变革环境或行政压力的影响，被迫接受课堂教学变革观念，表现出跟风倾向，很难真心投入行动。另一种是心理上认同，并能积极地转变教学观念，但由于理论基础和专业素养不足，不能全面地理解、把握新观念。这类教师的认识很难深入课堂教学改革的实质，也难以在教学改革实践中取得良好效果。

（二）改革实践的低效化运行

课堂教学改革是一项系统工程，需要在系统考虑课堂教学自身各要素和影响课堂教学的内外部条件的情况下科学有序地开展。然而，综观我国当前的课堂教学改革实践，肤浅化、零散化、功利化的倾向比较明显，实践成效较低。首先，大部分学校的课堂教学改革基于实践者的感性经验而开展，缺乏科学理论的引领和指导，也缺乏将感性经验转化为理性认识的意识和能力，这大大限制了课堂教学改革的深刻性。其次，不能用系统思维观照课堂教学改革，造成改革实践的顾此失彼、零散低效。一些改革实践者缺乏整体统筹课堂教学各环节和要素的意识与能力，只选取课堂教学的某一个或几个要素进行改革，往往造成课堂教学不同要素之间的脱节，使改革实践左支右绌，从而削弱了整体效果。如片面重视课堂活跃氛围的营造而忽视了实际的课堂教学效果，注重教学方法、教学模式的形式创新而很少关注教学内容的适切性问题等。最后，课堂教学改革中存在突出的功利化倾向。一些改革实践者无视国家开展课堂教学改革的初衷，不考虑学校课堂教学的现实问题，不把学生发展的实际需要作为改革的依据，而是把改革作为谋取功利性结果的手段。如为了打造学校的某方面品牌或特色而进行改革，为了彰显某位教师的教学个性而进行改革，等等。这种功利性目的明显的改革实践因为无视教育教学的基本规律和学生发展的真正需求，其教育性价值往往很低，甚至会对学生的发展造成负面影响。

（三）教学管理改革的滞后

新课程改革的推进给小学教师提供了充分发挥主体能动性，积极探索研究、创新实践的机会和条件，使教师的自主观念、研究意识明显增强。但是，由于传统管理政策和意识的滞后，造成很多教师在实践中被束缚了手脚。课堂教学领域作为学校教育教学的主阵地，这种情况更加突出。首先，在管理内容上忽视"人"的因素。课堂教学改革的出发点是促进学生发展，因而，教学管理的本质应该是如何更好地服务于改革，以此推动教师的专业发展和学生的全面发展。但当前的教学管理还存在"官本位"管理的特征，无视学校的实际情况和师生的个性化需求，以统一的标准、命令要求学校或教师高效率地完成被分派的任务。其次，在管理方式上实行制度化控制。以规范的制度、规则管理课堂教学改革本可以提高教学改革的整体效益，但是，当管理走向极端时，就会出现僵化的制度束缚甚至控制实践者的思维与行动，抑制实践者的主动性和创造性的问题。最后，管理水平依然停留于经验管理层面。一些教育管理部门在组织和管理小学课堂教学改革活动时，仍然以循规蹈矩的经验管理方式为主，即使少数管理者借鉴学习了一些新的科学管理形式，由于管理理念没有更新，也往往有其形而无其实，难以真正发挥科学管理的良好效果。

二、课堂教学改革的展望

课堂教学改革要全面、可持续地推进，必须正视当前改革过程中存在的问题，理性、系统地思考未来的发展方向。根据对改革实践的反思，结合学者的相关研究，我国课堂教学改革未来将更关注学生发展、教师主体和课堂教学改革的整体性推进。

（一）以育人为课堂教学改革的根本价值立场

有什么样的立场就有什么样的改革实践。如今的课堂教学改革场域，各种教学模式、改革方案层出不穷，正呈现出一片繁荣的景象。然而，仔细分析不难发现，这种多元化的改革实践不仅体现在具体的实践路径和措施上，也反映在更根本的教育立场和价值取向上。在已有的课堂教学改革实践中，许多实践者存在立场不明确、价值取向混乱游移的情况，严重影响了课堂教学改革的效果。对此，课堂教学改革在未来的发展中必须回归育人为本的根本价值立场。

课堂教学是有目的、有计划地培养人的活动，育人价值是其根本价值。真正的课堂教学改革应该是一种以育人价值实现为依归的活动，它尊重学生、关怀学生、开阔学生的生命视界，蕴含着丰富的生命价值与意义。它所关怀的不仅是学生经由教师的教收获了多少知识，提高了多少能力，而且包括学生的生命发展经由教学过程所拓展的深度和广度。坚持以育人为本的价值立场来开展课堂教学改革，需要站在促进学生完整性发展的视角上，超越功利性、技术性的应试诉求，摒弃以偏概全的狭隘认识，摆脱以形式上的创新谋求貌似合理的高大上的形式主义，真正融合科学世界与生活世界，统一认知存在与意义存在，整体观照学生的真、善、美发展。以育人为根本价值的课堂教学改革，应该从促进学生发展的角度规划和设计改革的目标、内容、方式，并一以贯之地落实到课堂教学实践中去。在课堂教学中观照学生发展的独特性，理解学生发展的过程性，尊重学生发展的自主性，促进学生发展的完整性，把学生的发展境遇与生活经验融合在一起，一方面使学生收获知识、提高能力，另一方面促进学生精神世界和完整生命的发展。

（二）以教师的主体性融入促进课堂教学变革

教师作为课堂教学改革的中坚力量，作为实施课堂教学改革的主体，深刻地影响着课堂教学改革的进程。在新时期，若要全面、系统地推动课堂教学的深入变革，必须充分发挥教师的主体作用，让教师真正以主体身份融入改革实践。

课堂教学改革中教师主体的融入是教师作为改革主体对课堂教学改革的认同过程和积极参与过程，也是教师实现自我价值的过程。首先，教师要认同课堂教学改革。课堂教学改革不仅仅是教育主管部门和学校行政管理人员的职责，作为学校教育重要组成部分和教学工作最关键力量的教师也应该具有改革的主体意识。因为课堂教学改革不仅会促进学生发展和学校变革，还会深刻地影响教师自身的教学方式，左右教师的专业发展，所以教师不可能游离于改革之外。教师对课堂教学改革的认同过程是教师依据自身教学经验与外部改革情境对改革的理念、目标、方式、内容以及效果等方面的辨别、理解、选择、接纳、反思、反馈的过程，也是教师不断修正自身教学观、端正教学态度的过程。其次，教师要以改革主体的身份积极地参与课堂教学改革中。教师参与课堂教学改革是一个理论与实践共在的过程，教师不仅需要学习教育教学理论，提高自身的理论素养，还需要有勇气，有责任，成为改革的实际行动主体，围绕课堂教学改革开展深入的行动研究。同时，教师应充分发挥群体的力量，形成教学共同体，通过主动参与、积极沟通、对话交流、成果共享等途径实现改革效果的最优化。最后，教师在课堂教学改革中促进自我价值的实现。教师积极参与课堂教学改革的过程及其效果得到社会的认可是教师衡量自我价值实现的重要尺度。在这一过程中，教师能增强教学知识、技能，彰显教学个性，促进专业发展，提高精神境界，升华教学德行，使自身的潜在价值变成现实价值，从而实现自我的内在价值；同时，教师的课堂教学改革过程会有效地促进学生的发展和学校的变革，教师的外在价值也得到了实现。

（三）以一元化视域观照课堂教学改革

在我国长期的课堂教学改革中，尽管人们对二元论已有了一定的认识，但在分析和解决各种问题时，并从没有真正摆脱二元对立思维的影响，不少改革者依然固守着非此即彼的极端化变革思路，导致教学实践顾此失彼，呈现出钟摆现象。实现课堂教学改革未来发展的根本转变，需要确立一元化的研究视域。因为课堂教学作为一项专业活动，理应是理论与实践、历史与现实、本土化与外来经验等方面的平衡与统一，而非二元对立。

首先，课堂教学改革是理论与实践彼此统一、相互融合的过程，而非互相隔离、各行其是。教育教学理论的价值不仅在于指导教学实践，还在于通过对教学实践问题的理性思考和教学经验的规律性认识得出有关教学本质的系统化认识，并通过理论创新推动课堂教学实践的变革。教学实践是教学理论的来源，是检验教学理论的试金石，将教学理论应用于教学实践可以使教学理论具体化、情境化。因此，课堂教学改革研究的形式应该从过去理论研究者和实践工作者各取所需、各自为政的状态转变为互相学习、通力合作。

其次，辩证地处理课堂教学改革的历史与现实之间的关系，处理好教学变革与继承之间的关系。课堂教学改革的保守主义坚持从历史缘起的视角阐发其教学不变的合理性，其代表性主张是，教学的最根本任务是传递知识，传授式教学是完成这一目标的最有效方式。激进主义则完全站在保守主义的对立面，从时代发展的视角阐述其"革命化"的教学改革路线，认为凡是能够影响学生发展的教学活动都可以被用于教学实践。显然，保守主义阻挠了课堂教学改革的发展道路，激进主义则割断了教学改革的历史。因而，一味地坚守历史、拒绝变革的做法是不可取的，而盲目地全面抛弃教学改革历史的行为同样不可行。最为可取的方式是遵循教学改革的历史与现实统一的折中路径，兼顾教学改革的继承性与发展性的辩证改革逻辑。

最后，课堂教学改革还需协调好本土化与外来经验之间的关系。主张课堂教学改革必须走本土化道路的人认为，改革必须符合国情，充分挖掘我国教学改革的优秀经验，在立足我国教学传统的基础上进行改革，不能盲目地将国外的教学改革经验进行翻译和组装之后就运用到我国的教学实践中。主张大力引进或移植国外经验的人认为，课堂教学存在共性，国外的先进理论和经验完全可以拿来指导或直接改变我国课堂教学实践中存在的问题。显然，这两种课堂教学改革的主张都是极端化的，它们从源头上造成了本土传统与外来经验的对立，人为地阻断了借鉴与融合的通道。对待课堂教学改革的本土传统与外来经验的正确做法无疑是既要看到我们的优势与问题，也要正视外来经验的可借鉴、值得借鉴之处，并通过折中的办法与途径，使两者相互融合与补充。

课堂教学改革是一项长期、复杂的工程，不仅需要平衡理论与实践、历史与现实、本土化与外来经验之间的关系，而且需要平衡掌握知识与发展能力、直接经验与间接经验、教师主导与学生主体等方面的关系，使改革由失衡向平衡转变，从而更有效地推动课堂教学的深入变革。

第七章　新时代基础教育管理体制效能的保障机制

第一节　教育管理体制促进基础教育运行发展的条件

基础教育管理体制相对于基础教育事业而言，是推动基础教育事业运行发展的手段。基础教育管理体制的变化在国家政治体制大框架内，受制于基础教育事业运行情境变化。基础教育管理体制根据基础教育事业运行情境变化要求适时做出适当调整，才能保持推动基础教育事业正常运行和稳步发展的功效。

一、基础教育管理体制是推动基础教育事业发展的重要手段

社会机制的效价随比较对象的不同而变化，目的和手段作为人的社会实践活动的两个孪生物也是相对的。基础教育管理体制相对于基础教育事业而言具有手段的效价。虽然基础教育管理体制是国家管理体制的一部分，同隶属于国家政治体制，但是对于由其直接控制的基础教育事业来说，是

调节和推动基础教育事业运行发展的重要手段之一。建立某种教育管理体制，以及在体制调整中管理教育事业的权责是上移还是下移、位移的程度等，不完全基于教育管理体制自身的考虑，还要考虑或者说更重要的考虑推动教育事业正常运行和稳步发展这个目的的要求。教育管理体制作为手段应服从于推动教育事业正常运作和稳步发展这个目的。

评价教育管理体制有多种角度和标准，但是否符合教育事业运行情境的要求，即是否能够解决教育事业运行面临的问题，推动教育事业正常运行和稳步发展，才是最重要的角度和标准。凡是在政治体制认同和容纳的范围内（这里之所以要强调政治体制，是因为政治体制是国家的根本制度，肩负着国家统一、社会稳定和长远发展的大任），只要在某一时期能推动教育事业正常运行和发展的教育管理体制都是合理的或合适的体制。如果单纯追求某种体制本身的完美，或不考虑实际情况单纯依据某种理念设计的教育管理体制，都不是合理的或合适的体制。

之所以要强调这一点，是因为在教育管理实践中，为解决教育事业运行情境中的某些问题而建立或调整现有体制时，人们开始关注的是体制的手段效价，以期通过手段的建立和调整，解决教育事业运行发展面临的问题。但当体制一旦建立或调整到位后，人们的关注点就可能偏离体制的手段效价转向其他方面。即此时在一定程度上或相当程度上不是用教育事业发展的实际需求和状况来评价体制，而是用某种"完美"的标准或某些集团利益来评价体制，甚至用符合这些标准和利益的方式来调整体制结构。如一些地方上行下效地设置一些基层不一定需要的机构。另外，设置一个机构（如乡镇教育办公室）很容易，但要撤并一个机构非常困难。所以，应从理论的高度意识到，教育管理体制尽管相对于教育事业具有手段效价，但并非在任何实践环节人们都能赋予它"手段"的效价。由于人的社会实践的复杂性和利益的博弈对抗，往往冲淡这一手段效价，反而把体制本身作为目的，发生本末倒置的现象。而明确的认识就可以在一定程度上避免或减少手段与目的的倒置现象。

另外，基础教育管理体制只是推动基础教育事业正常运行和稳步发展的重要手段之一。除此之外，还有办学体制、经费投入体制、指导评估体制等，都可以视为推动基础教育事业正常运行和稳步发展的手段。但基础教育管理体制是最重要、最核心的手段。基础教育管理体制的变化和调整往往引起或推动基础教育其他体制的变化和调整。

二、基础教育管理体制随基础教育运行情境变化而调整

国家政治体制和基础教育事业运行情境都对基础教育管理体制产生重要影响，但两者影响的范围和性质不同。国家政治体制决定基础教育管理体制的基本性质。如果把教育行政体一定要归结为集权制教育管理体制和分权制教育管理体制两类，一个国家的教育管理体制基本上属于集权制，还是分权制，决定于国家的政治体制。因为教育管理体制是国家政治体制的一部分。集权制教育管理体制或分权制教育管理体制不仅是一种体制类型，也是一个权责运作范围。即集权制教育管理体制从高度集权到低度集权之间和分权制教育管理体制从高度分权到低度分权之间都有一个较长的过渡地带。在这个过渡地带，教育管理体制权责的变化和调整主要受制于教育事业运行情境而非政治体制。

就集权制教育行政体制而言，当教育事业运行发展情境的主要问题适合较低权责重心的教育管理体制来控制和解决时，教育管理体制的权责重心在集权范围向下适当位移，形成较低程度的集权制教育管理体制；反之，当教育事业运行发展情境的主要问题适合权责较高重心的教育管理体制来控制和解决时，教育管理体制的权责在集权范围内向上适当位移，形成较高程度的集权制教育管理体制。同理，就分权制教育行政体而言，当教育事业运行发展情境的主要问题适合较低权责重心的教育管理体制来控制和解决时，教育管理体制的权责重心在分权范围向下适当位移，形成较大程

度的分权制教育管理体制；反之，当教育事业运行情境的主要问题适合权责较高重心的教育管理体制来控制和解决时，教育管理体制的权责在分权范围内向上适当位移，形成较低程度的分权制教育管理体制。

三、教育管理体制的活力在于根据教育运行情境变化进行自我调整

集权制教育管理体制在集权范围内和分权制教育管理体制在分权范围内上下适当位移，既反映了教育事业发展和运行情境变化的要求，也是教育管理体制作为推动和保障教育事业正常运行和稳步发展的手段，与教育事业及其运行发展情境维持平衡关系，始终保持推动和保障教育事业正常运行和稳步发展功效的自我调节机制。教育行政体的生命力就在于在国家政治体制规范内，根据教育事业运行发展要求，适时和适当进行权责调整，不断强化解决教育事业运行发展情境中的各种矛盾和问题，推动和保障教育事业的运行和发展。

由于问题发生和暴露需要一定过程、信息传递受到速度限制、相关主体和集权之间存在利益制衡，教育管理体制的自我调整往往具有被动性和滞后性，即等到教育事业运行发展情境出现了严重问题，甚至影响到教育事业正常运行，造成严重社会后果时，教育行政体才迫不得已做出调整。显然，这种调整属于亡羊补牢式或反馈调控。尽管"亡羊补牢未为晚矣"，但毕竟是以羊的损失为前提和代价的。要避免这种后果，就要考虑如何能在"亡羊"之前引起重视，加固"羊牢"，引入预先控制机制，把问题和矛盾解决在潜伏状态，最大限度减少改革和调整的社会代价。

第二节　基础教育运行情境反馈变革信息的过程

基础教育运行情境相对于基础教育管理体制而言，是最积极、最有活力的一方，一直处于发展变化之中。这种变化又遵循着量质变化规律，而量变和质变对教育管理体制具有完全不同的意义。

一、基础教育运行情境是最具活力的矛盾方

如果把基础教育管理体制与基础教育事业运行情境视为一对矛盾，基础教育管理体制相对稳定和保守，而基础教育运行情境则始终处于最有活力的一方，随着社会大环境和基础教育事业的发展而不断变化。

基础教育运行情境的变化源于社会环境变化和教育事业发展两大方面。从社会环境看，教育运行情境是社会大环境的一部分，社会大环境的变化，如政治体制和政治生态的变迁和改革、经济运行机制的变化、文化观念的进步以及科技手段的创新发展对人的生活和工作方式带来的变化等，都能引起教育运行情境的变化。

从教育事业的变化来看，教育事业是在一定时期的情境中运行和发展的。一方面，这种情境为教育事业的运行和发展提供了基础平台和支撑。另一方面，教育事业的运行发展又在不断改变着情境状况和与情境之间的平衡关系，如当义务教育普及率较低时，基础教育运行情境的主要问题是如何提高普及率，满足民众接受义务教育的要求。但随着教育事业持续发展逐步提高普及率，直到完全普及义务教育后，基础教育运行情境的主要问题

就可能由如何满足民众接受教育的要求，转向如何满足民众对优质教育资源的需求，即扩大优质教育资源，提高义务教育阶段所有学校的教育质量，缩小校际差距。教育事业发展不仅改变着其运行情境，也在改变着其与运行情境之间的关系。这就是从不平衡到平衡，再到新的不平衡的过程。

二、基础教育运行情境变化遵循量质变化法则

基础教育事业运行情境变化遵循着量质变化法则，即一般从漫长的量变积累达到一定的临界点后发生质变，使居于次要地位的矛盾和问题上升为主要矛盾和问题。教育运行情境变化从量变向质变过渡，与教育运行情境自身的变化和教育管理体制的效能变化有关。

从教育管理体制效能变化来看，教育管理体制的效能取决于其与教育运行情境主要问题的适切性。当某种教育管理体制适切其所控制的教育事业运行情境时，就会表现出较强的效能，通过问题解决，有力推动教育事业的运行发展。但在解决与之适切的问题时，与之不适切的问题就会逐步显现。从理论上讲，这并不完全在于与之不适切的问题强度不够，而是占据上风或居于主要地位的矛盾和问题在得到解决之前，这类问题可能被其荫遮而难于进入管理者的视线被认知。所以，随着某种教育管理体制持续发挥效能，与之适切的问题逐步得到解决，与之不适切的另一侧面的问题自然就会进入管理者的视野成为主要问题。显然，这种质变在相当程度上是管理者认知焦点转移的主观过程，而非完全由客观因素造成。这就是教育事业运行情境问题在管理者主观上发生的"主观质变"过程。当然，"主观质变"的基础是"客观质变"。

从教育事业运行情境变化看，任何带有普遍性需要通过体制调整来解决的问题，并非一出现就会导致教育事业难于正常运作。一般情况下，这些问题在初期甚至其后相当长的一段时间，都可能在现行教育管理体制容

忍和可控的范围内，即通过对现行教育管理体制的修补仍能基本保证教育事业正常运行和稳步发展。但随着时间推移，这类问题的涉及面和影响深度越来越大，必须通过体制改革才能予以控制时，就预示着问题从量变跨入了质变阶段。这种质变与前述的"主观质变"相比，属于"客观质变"过程，是"主观质变"的基础。

三、基础教育运行情境量质变化对教育管理体制调整具有不同效价

基础教育事业运行情境的量变和质变不仅是两个性质完全不同的过程，其对基础教育管理体制也具有完全不同的效价。量变更多地引起教育管理体制在同一权责框架下的修补和完善。由于量变一般是在教育管理体制容纳和可控范围，现行教育管理体制通过微型修补和调整就可以把量变阶段问题的影响控制在不影响教育事业正常运作的范围。所以，量变更多的是导致教育管理体制在同一权责框架下的修补和完善。而质变则会引起教育管理体制较大幅度的改革，尤其是可能引起与现行权责调整趋向相反的逆向改革。如果现行体制的权责调整属于集权趋向调整，则质变可能引起自此之后的分权趋向调整。

但这里要说明的是，从理论上讲，教育管理体制改革是由教育管理者主体发起和推动的。尽管"客观质变"是"主观质变"的基础，但直接引发教育管理体制发生逆向改革的不是客观质变，而是主观质变，即教育事业运行发展情境产生的客观质变只有进入管理者，尤其是管理决策者认知的视野，形成主观质变，才有可能引发新一轮趋向的教育管理体制改革。

第三节　教育管理体制与基础教育运行情境互约原理

基础教育管理体制与基础教育事业及其运行情境不是单向的推动与被推动的关系，而是交互制约关系。交互制约的主动力在教育管理体制与教育事业双方之间周期性转移。

一、基础教育管理体制与基础教育运行实践相互制约

教育管理体制作为一种手段制约着教育事业及其运行情境状况，而教育事业及其运行情境状况反过来又强化着教育行政体的效能和推动教育管理体制改革调整。

从教育管理体制对教育事业及其运行情境的制约来看，教育管理体制既可能通过解决教育事业运行情境的问题和矛盾，推动教育事业正常运行和稳步发展，也可能因不能解决这些矛盾和问题，或因体制本身的缺陷造成更多的矛盾和问题，而妨碍教育事业的正常运作。这就是教育行政体对教育事业及其运行情境的正负双向功能。由于正负功能源于教育管理体制的同一特性，是同时发生的，即教育管理体制在发挥正功能的同时，其负功能也随之发生。但在实践层面，因教育运行情境中的主导性问题在同一时间对正负两种功能做出不同的选择和强化，使正、负两种功能在同一时间显示的强度不同，或者正功能大于负功能，或者负功能大于正功能。

从教育事业及其运行情境对教育管理体制的制约来看，教育事业及其运行情境强化着教育管理体制的效能性质和程度。当教育管理体制的权责设

计结构适合解决教育事业运行情境问题的要求时，教育事业运行情境就可能强化教育管理体制的正功能，致使教育管理体制在实践效果上只有正功能而无负功能，或正功能大于负功能。当教育管理体制的权责设计结构不适合解决教育事业运行情境问题的要求时，教育事业运行情境就可能强化教育管理体制的负功能，致使教育管理体制在实践效果上只有负功能而无正功能，或负功能大于正功能。

教育事业及其运行情境对教育管理体制的正向强化和负向强化的意义不同。教育运行情境对教育管理体制的正向强化，将会导致教育管理体制保持现行权责设计形态，或在与现行权责调整同趋向上的补充完善。而教育事业及其运行情境对教育管理体制的负向强化，将会导致教育管理体制的失效，推动教育管理体制进行重大调整，尤其是与前期调整趋向逆向的调整。

二、基础教育管理体制与基础教育事业相互制约主力周期转移

在基础教育管理体制与基础教育事业及其运行情境交互制约关系中，相互制约的主动力在制约双方之间周期性转移。当教育管理体制权责结构形态适合控制和解决教育事业及其运行情境问题的要求时，相互制约的主动力偏向教育管理体制一方，使教育管理体制稳定发挥正向功能，从而有力推动教育事业健康运行和稳步发展。当教育管理体制的权责结构形态不适合控制和解决教育事业及其运行情境的要求时，相互制约的主动力就会偏向教育事业及其运行情境一方。此时，教育事业及其运行情境的问题因得不到控制和解决而使教育事业的运行和发展处于低效状态，甚至难以正常运行。教育事业及其运行情境的这种状况反过来要求并推动教育管理体制进行必要的调整和改革。

相互制约的主动力在教育管理体制与教育事业及其运行情境之间周期性转移，根源在于教育事业的持续发展和运行情境的持续变化。教育事业

的持续发展使运行情境的问题结构和性质发生变化，适合现行体制解决的问题因不断得到解决而越来越少，而不适合现行体制解决的另一侧面的问题逐渐产生和显露。这些问题中有些是教育事业持续发展到某种新的水平，可能与政治、经济、文化相互作用中形成与原有教育管理体制的价值取向不同的新的问题（包括教育发展本身出现的问题，以及政治、经济、文化借助或通过教育反映出来的问题），有些是教育行政体在发挥正功能的同时，另一侧面的负功能自然导致的问题。这些新问题都会对现行教育管理体制的功能重新选择和强化，致使现行教育管理体制从原来适合教育事业运行要求，并从中得到更多正面强化，逐步转向不适合并不断得到负面强化。起初这种"负面强化"的力量不一定很强，还在现行教育管理体制勉强容纳的范围。但随着教育运行情境的进一步变化，与现行体制价值取向不同的新要求和新问题越来越多，直到现行体制难以容纳和控制，矛盾的主力就由教育管理体制一方，转向教育事业运行情境一方。此时，教育事业及其运行情境一方就成为推动教育管理体制改革的主动力，推动教育行政主体，尤其是决策主体调研、设计、论证和实施改革方案，直到建立起新的教育管理体制。新的教育管理体制一旦建立起来，又会强有力领导和推动教育事业向更高水平发展。当这种"发展"持续到某种程度，又可能孕育着新一场变革。

第四节　建立反馈控制与预先控制互补的效能保障机制

　　要持续增强基础教育管理体制的正功能，发挥基础教育管理体制作为推动基础教育事业正常运行和稳步发展的手段的功效，必须持续跟进评估基础教育管理体制的效能状态，适时合理调整基础教育管理体制的权责结构，建立反馈调控和预先调控互补的教育管理体制效能保障机制。

一、持续跟进评估基础教育管理体制效能状态

基础教育管理体制的效能与基础教育行政体权责设计形态是否适合基础教育事业及其运行情境的要求相关。教育事业的持续发展及其运行情境的持续变化，使任何教育管理体制的权责结构都可能从当初适合教育事业及其运行情境的要求，逐渐转变为不适合。这种转变并非一开始就能进入教育行政主体的视野，引起权责设计者的关注。只有当转变达到一定程度，尤其是教育管理体制已不能维持教育事业正常运作，才可能引起教育行政主体的重视，成为着手进行改革决策的起点。然而，一旦达到这种程度，教育管理体制的负功能已经远远大于正功能，并可能给教育事业的运行和发展造成严重影响和资源的无效耗损。

因此，要长久维持教育管理体制推动教育事业正常运行和稳步发展的正功效，不能等到教育管理体制出现负面功效后，才着手考虑改革，而应在教育管理体制稳步发挥正面功效的初期，就应持续跟进评估教育管理体制的效能状态，及时捕捉效能变化信息，才能在现行教育管理体制失效之前，引起教育管理者的重视，提早采取防范措施，持续强化教育管理体制的正面功效，防止波浪式反复，实现可持续性发展。

二、适时合理调整基础教育管理体制权责结构

持续跟进评估基础教育行政体效能状态，是为了及时发现问题，但并不意味着解决问题。解决问题除了正确的方法外，还需要寻找或等待合适的时机。要持续增强教育管理体制的正面功能，在诊断评估问题的基础上，还要等待和选择调整教育管理体制权责结构的时机。据我国学术界的研究，

当出现下列情形之一时，就意味着必须进行改革：决策过程过于缓慢导致错失良机或造成错误；沟通不畅导致组织效率低下；缺乏创新而不能应付情境变化。这些研究主要针对的是教育行政组织的改进，至于教育行政体权责结构的改革时机还需要进一步探讨。

除了等待和选择合适的时机外，调整教育管理体制的权责结构还需要把握合适的度。从绝对集权到绝对分权两个端点之间，有一个非常宽阔的权责过渡地带。即使在集权制或分权制的权责范围内，从低度集权到高度集权和从低度分权到高度分权之间也有一个宽阔的权责过渡范围。这就要求把握好权责调整幅度，在合理范围进行适度调整。否则，调整幅度过小，难于解决教育事业及其运行情境问题，调整幅度过大，又可能引发教育事业及其运行情境另一侧面的问题。如 20 世纪 80 年代中期后进行的分权趋向改革，将基础教育下放地方管理的方向是正确的，但实践证明小学教育权责下移的幅度太大，尤其是部分地方将小学下放村管理，造成投入严重不足，部分小学难于维持正常运作的问题。

三、建立反馈调控与预先调控互补的教育管理体制效能保障机制

以往的教育管理体制改革大多是根据反馈调控原理进行的，即教育管理体制在推动教育事业运行发展中出现了严重问题，引起教育管理者，尤其是决策者的重视，才着手进行调研、论证和有步骤的改革，推行新的权责结构。这种改革思路虽然比较准确地针对现行教育管理体制的问题而展开，改革策略对解决现行教育管理体制问题也有较大效能，但毕竟是现实问题已经发生，并且造成足以引起教育行政体主体，尤其是改革决策者重视的损失后果为代价的。那么，如何减少体制改革的代价，在现行教育管理体制和教育事业运行情境问题造成巨大损失之前，就能引起教育管理主体重视，预先研究和采取措施。笔者认为，应以预先调控来弥补反馈调控

的缺陷，建立教育管理体制效能的保障机制。

反馈调控与预先调控互补而形成的教育管理体制效能保障机制需要一个漫长的形成过程。从管理学理论上讲，一般要经历体制效能检查、体制效能控制、体制效能保障三个阶段。体制效能检查包括检讨新体制推行后的实践效果和剔除效能不大或缺乏操作性的政策元素。体制效能控制包括测试新体制控制下的学校教育质量和发展效能，以及测试学校发展的外围条件和资源供给力度。体制效能保障包括持续评估教育管理体制的效能状态、分析因果关系、预测发展趋势和后果，建立防范策略体系。由于教育管理体制效能的保障机制涉及更加复杂的理论问题，还需要进一步研究。

第八章 新时代基础教育管理评估生态系统

第一节 基础教育管理评估生态系统及要素

教育生态学视野下基础教育管理评估是以基础教育管理评估的生态系统为研究对象的，在基础教育管理评估的理论研究和实践操作中必须具有整体的观念和全局的思想，因为"系统"本身就是指在一定的边界范围内，由两个或两个以上相互联系和相互作用的组分构成的、具有某种特定功能并朝着某个特定目标运动发展的有机整体。生态系统是系统的一个种类，基础教育管理评估也是一种生态系统。

一、生态系统学说及分析框架

生态系统是生态学领域的一个结构和功能单位，属于生态学研究的最高层次。理解生态系统的内涵、属性等方面，为理解基础教育管理评估奠定基础。

（一）生态系统内涵

英国生态学家坦斯利（Sir Arthur George Tansley）在 20 世纪 30 年代明确提出生态系统的概念，他认为：生态系统是一个由相互作用的生物和非生物组分共同组成的综合系统。20 世纪 40 年代，英国学者林德曼（Lindeman R L）在已有生态学研究的基础上，创立了生态系统中能量在各营养级之间流动的定量关系，从中得出 10% 效率，初步奠定生态系统的理论基础。进入 20 世纪五六十年代，生态系统的研究得到了迅速发展，主要是围绕解决实际问题进行理论探索，进行生态系统的系统分析和数学模拟等。特别是出现了人口剧增、能源短缺、资源破坏、粮食不足和环境污染世界性五大问题，使生态系统学说进入了一个新的时期。

后来，美国的生态学家奥德姆兄弟（OdumEP&Odum H T）和威特克（Whittaker B H）等进一步推动生态系统学说理论更加完善，奥德姆（Odum E P）给生态系统下了一个更完整的定义：生态系统是指生物群落与生存环境之间，以及生物群落内的生物之间密切联系、相互作用，通过物质交换、能量转化和信息传递，成为占据一定空间、具有一定结构、执行一定功能的动态平衡整体。简言之，生态系统就是在一定时空范围内生物群落与非生物环境相互联系、相互作用所构成的统一体，是生物与环境长期互动中演化而成的一个复杂的自成一体的系统。20 世纪 70 年代后，数学、控制论以及计算机等领域，在理论研究和实践中都逐步渗透到生态系统研究中，使其在深度和广度方面得到较大拓展，从自然生态系统研究扩展到以人类社会经济活动为中心的城市生态系统，从粗放的定性向精确的定量发展。80 到 90 年代，生态系统的问题成为全球性问题，引起人类的高度关注，生态系统学说的理念进入国家的政治和经济结构，进入文化领域，进入社会意识领域，影响了人们的决策和生活，影响了社会的生产和发展。

不管是坦斯利的生态系统概念还是奥德姆的概念，都强调生态系统具有相互作用和相互联结的生物及非生物组分，但这些组分之间的作用和联结最后呈现出来的功能却不是各组分之间的简单相加，正如一片森林不只是树木，而是一个协同作用的单元，体现出某种特有的属性。因此，生态系统是一个整体，其中的各个组分不能被割裂或独立对待。

另外，在这两位学者的定义中，生态系统作为系统，这不仅意味着生态系统具有边界，而且还意味着我们可以对系统及其所依存的环境进行区别，虽然环境也是生态系统的组成部分。而且，生态系统无处不在，一棵树是一个系统，一片树林也是一个系统。从生态系统的角度才能更容易确定事物的构成要素以及要素之间的相互作用。

（二）生态系统属性

生态系统属性是指生态系统具有的特征和特性。约恩森（Sven Erik Jensen，丹麦）罗列了生态系统的五大基本属性及若干衍生属性（见表 8-1）。

表 8-1　五大生态基本属性及衍生属性

基本属性	衍生的系统属性
1. 生态系统是开放的	强制函数（外部变量）决定生态系统条件。
2. 生态系统具有方向性	生态系统表现出自动催化特性； 生态系统可生长和发育； 生态系统倾向于最大化有效能储存和功率； 生态系统具有个体大小格局。
3. 生态系统具有连通性	生态系统的生物和非生物组分通过网络连接起来网络使生态系统互惠共生和协同发展； 间接效应因网络而非常重要，甚至可能会超过直接效应生态系统是自我组织和自我调节的； 生态系统中进行着能量、物质和信息的循环。
4. 生态系统具有涌现的层级	生态系统通过层级被组织起来。

（续表）

5. 生态系统具有复杂的动态	通过增加生物量、增强网络和提高信息量水平，可促进生态系统的生长和发育； 生态系统是自适应系统； 通过倾向于最大化有效能储存和功率，生态系统生长和发育并应对干扰； 生态系统，尤其在自然条件下通常具有很高的多样性，使得生态系统具有千差万别的缓冲能力； 由于复杂的动态，生态系统具有很强的缓冲能力； 生态系统遭受干扰后，通常能快速有效地得到恢复。

约恩森尤其重视连通性的作用，他认为连通性意味着生态系统能形成网络和复杂的动态。我们已经利用复杂的动态推衍出好几个系统属性。当然，也可以从其他四大基本属性中进行推衍。

生态系统是开放的和动态的。生态系统与外界环境进行物质、能量和信息的交换，产生生态系统的开放性；生态系统一般来说都是开放的，严格意义上的静态系统是不存在的；正因为生态系统的开放性，生态系统也是动态的系统。当生态系统受到外界的干扰时，系统会根据反馈机制做出调整，在一定范围内进行自我调节，从而保持和恢复原有的状态、结构和功能，也体现出生态系统的对外适应性。当然，生态系统不只是被动地接受外界的影响，也会反作用于外界环境。

生态系统是有边界的和可分层的。生态系统的开放性并不否认生态系统是有边界的，任何生态系统，不管大小，都有一定的边界和外界区分，同时还可以按照一定的尺度对系统进行分层。生态系统的边界就是系统存在所涉及的时间和空间界限，可以是自然形成的，也可以是人为划定的。比如一只动物的体表周边就是它的边界；一座城市的边界，则是根据一定的目的和条件人为划定的。边界内的系统结构和功能具有相对独立性和稳定性。一般来说，处于平衡态的封闭系统，其边界是明确的，并以有序状态存在。而远离平衡态的开放系统，只有当外界环境达到某一特定条件时，通过与外界不断地进行能量和物质交换，才能从无序状态（即边界模糊）变为一种在时间、空间和功能方面的有序状态，出现相对清晰的边界。另外，生态系统也是分层的，可以分成不同的层次，并相互作用。

生态系统结构是有序的，功能是整体的。生态系统都是由若干个基本要素（组分或元素）组成的，而且各组成要素间具有相对稳定的联系方式、组织秩序及时空表现形式，对于这种情形，我们称为生态系统结构的有序性。在生态系统的结构中，各组分间不仅具有一定的比例关系，还具有时空关系，并且存在着必然的相互依赖、相互作用的关系。所以，生态系统内任何一个组分的变化都会影响到系统内其他的组分，甚至使整个生态系统的结构发生变化。另外，生态系统的功能是整体的，正如前文所说，系统的整体功能大于部分功能之和，既有各部分功能，又有各组分间相互作用产生的新功能；当系统整体功能小于各组分功能之和时，我们称该系统产生了离散效应。生态系统产生集成效应的基础是生态系统结构有序性，当生态系统结构无序时，往往导致离散效应产生，有时系统的离散效应也会导致系统结构从有序变为无序。

二、基础教育管理评估生态系统及其要素

基础教育管理评估也是一种生态系统，具有生态系统的属性，我们可以借助生态系统的分析来探索基础教育管理评估的结构、功能等相关问题。

（一）基础教育管理评估的内涵

基础教育管理评估是由特定的人员，根据一定的目的和标准，秉持科学的态度，采用一定的方法，对基础教育学校中的教育教学活动、人员、管理和办学条件的状态与绩效，进行质和量的价值判断。在这一过程中，各要素之间相互依赖、相互制约、相互联系、相互作用，构成了服务于促

进基础教育学校发展的生态系统。

　　基础教育管理评估生态系统是开放的和有目的性的。从开放性的角度来说，在评估中学校内部的人员和外部的人员进行交流，同时存在着能量、信息甚至物质等方面的输入和输出。在评估过程中，外部人员带着能量和信息进入学校评估场域，和学校内部人员开展互动和交流，在双方相互作用下，产生新的能量和信息，这些新的能量和信息通过评估报告等方式向外界公布，而外界进一步根据评估反馈结果，向学校提供相应的物质、资金等资源。社会政治、经济、文化和科技的发展变化对教育提出的人才培养要求，也带来了评估目的、内容、方法等方面的变化。从目的性来看，基础教育管理评估生态系统不是自发的系统，而是一种目的系统，每一项学校评估都有要达成的目的。总的来说，学校评估目的和基础教育的目的是一致的，当然由于社会经济和政治的变化，衡量人才的标准也在不断变化，对基础教育的要求也在不断调整，相应地，基础教育管理评估目的也在不断做出调整。比如，当我们的基础教育强调"基础知识和基本技能"的掌握时，我们对学校的评估大多是围绕着学生学业成就方面开展工作；当我们的基础教育强调学生综合素养的培养时，我们对学校的评估大多围绕着学生综合素养发展方面开展工作，并通过评估过程中的反馈控制，向目的趋移。

　　基础教育管理评估生态系统是有边界的和可分层的。基础教育管理评估生态系统是有边界的，这个边界是该系统所涉及的时间和空间界限。比如一个评估项目的开展，需要在什么时间来进行，是在期中进行还是期末进行；过程的开展需要多长时间，是需要一天的时间还是需要两天的时间；评估活动是在哪里发生的，是在校园各个场所，还是校园实地评估并结合网络评估；等等。这些都需要人为进行划定，且划定这些界限时，要服从评估目的。一般来说，和谐的评估项目都会合理安排评估要素之间的结构，使之处于平衡状态。如若一项评估是指向学校发展的，而评估最后却指向对学校分层分等，那么评估中这种人为划定便没有服从评估目的；如若评估目的指向学校发展，但指标内容却仅仅关注学校的基础而非进步，那么评估要素之间的结构必定处于不平衡的状态。另外，基础教育管理评估生态系统是可分层的，从基础教育管理评估来说，往上是教育评估的一个子系统，往下又可按照评估目的分为不同的子系统，比如诊断性评估、发展性评估、绩效评估等；也可以按照基础教育办学涉及的不同领域分为不同的子系统，比如学业绩效评估、学生综合素养评估、学校德育评估、学校管理评估等。

基础教育管理评估生态系统具有时代性和政治性。教育是随着社会时代的发展变化而变化的，只有与时俱进的教育才能培养出与时俱进的人才，那么，促进学校发展和师生发展的基础教育管理评估也应与时俱进，在评估目标和评估方式方法等方面都应响应时代对教育的要求，体现时代科技发展的新成就。另外，学校教育也必须回答"为谁培养人"的问题，我国的教育方针就回答了这一问题：教育必须为社会主义现代化建设服务，必须与生产劳动相结合，培养德、智、体等方面全面发展的社会主义事业的建设者和接班人。这一教育方针明确了教育的政治性方向，基础教育管理评估也必须在促进教育方针落实方面做出努力。

（二）基础教育管理评估生态系统要素

基础教育管理评估生态系统基本要素主要由评估者、评估对象以及彼此之间的相互影响构成。

评估者主要由熟悉基础教育学校办学的管理、课程与教学、教师发展、学生发展、校园文化等方面内容，并从事基础教育评估专业训练或实践的人来组成；还有一部分由教育行政管理人员、师生、家长、社区人员和其他教育利益相关人员组成。

评估对象主要是教育评估项目所指向的对象。宽泛地说，评估对象是指学校办学中涉及的人、事、物；狭义来说，主要是依据不同的评估目标和评估指标所指向的对象。比如，要了解一所学校的办学绩效，最通常的做法是了解这所学校的投入和产出，那么我们就要知道这所学校投入了多少、产出了多少。

评估者和评估对象的界限并不是截然鲜明的。有些时候，评估者和评估对象之间存在交叉。比如学校的师生既可以作为评估者，尤其是他们开展自我评估时；也可以作为评估对象，尤其是当评估指标涉及对师生发展的内容时。

评估影响是指构建于评估者和评估对象之间起桥梁或沟通作用的一切事物的总和，包括评估指标、评估技术、评估手段和方法以及评估组织形式等。

评估者、评估对象和评估影响构成了教育评估最基本的系统。评估者和评估对象因评估影响的不同而出现不同的联结，比如在评估途径方面，可以采用现场评估，也可以采用网络评估；在评估方法方面，可以采用问卷调查法、访谈法，也可以用文献查阅法；等等。但因评估影响因素不同而导致的评估类别的不同仅仅是形式的不同，真正使评估出现差异的是评估项目内在价值方面的规定，比如评估的目的、评估的理念。也就是说，一项评估首先要回答的是为什么要评估、通过评估可以达到什么目的。对于教育评估项目内在价值的约束，我们可以称之为教育评估的价值要素。另外，一项教育评估之所以能顺利开展，还依赖于制度或规范的约束作用，好的评估制度和约定可以使评估项目起到事半功倍的效果，我们可以将这些约束和规范称为教育评估的规范要素。再者，教育评估实践的开展还受到潜在环境的制约，比如被评学校师生对教育评估的接纳程度、社会对教育评估的需求以及社会发展为教育评估提供的技术手段、对于教育评估的政策等，对于这些我们可以称为教育评估的环境要素。

从以上分析可以看出，基础教育管理评估的生态系统要素可以分为两大类：一类是显性要素，比如评估者、评估对象以及教育评估指标、评估技术手段、评估方法等；另一类是隐性要素，比如教育评估的价值要素、规范要素和环境要素等。

不管从哪个角度对基础教育管理评估的生态系统要素进行分析，一项和谐的教育评估实践必是显性要素和隐性要素的和谐统一、显性要素和隐性要素的和谐统一，体现为结构平衡以及功能平衡。

第二节　基础教育管理评估生态系统多元主体

基础教育管理评估生态系统中的评估者和利益相关者是评估主体，这和一般人所认为的仅仅只有评估者作为评估主体的认识有所出入。对于"谁来评估"这个问题，在当前我国进行"管办评分离"教育体制机制改革的背景下，无论如何，应该建立一个公开的、客观公正的评价机构，以使舆论能够了解教育系统的状况和该系统对社会其他部门产生的影响。但在教育生态学视野下，评估机构也并不是我们一般意义上理解的绝对的评估主体，他们既作为一种评估主体，同时也为其他多元主体搭建着联系的桥梁。当然，对于评估主体，我们不能只强调主体的多元性，也不能忽略其专业性。

一、基础教育管理评估生态系统具有必然的多元主体

为何基础教育管理评估生态系统是多元主体？生态学理论以及古巴和林肯都给出了解释。

（一）基础教育管理评估生态系统多元主体的生态性

物种的多样性是评价一个生态系统发展程度的重要指标之一。从生态学的角度看，如果一个生态系统的物种越多，那么这个生态系统的生态链就越复杂、丰富，各物种间的联系就越多样。这种生态系统内部结构的复

杂性，能增强生态系统的应变能力和自我调节能力。一个花盆就是一个简单的生态系统，但是花盆内的物种过于简单，必须有人进行浇水、培植等活动才能维持其运行，而复杂的原始森林的生态系统却能自成一体，并且能经受重大环境变化的冲击（如台风、暴雨、气温突变）。如果将基础教育学校看成一个生态系统，那么学校评估中的评估主体就相当于自然生态系统中的一个"物种"，评估主体的多元化，同样能增强基础教育管理评估生态系统的"生命力"。

另外，从教育评估生态位的角度来看，评估主体也是多元存在的。教育评估具有不同层面的生态位主体。从层次上来说，涉及教育评估生态系统、子系统、生态个体。从教育评估生态系统中的各个子系统来说，有高等教育评估、职业教育评估、基础教育评估，每一类评估所涉及的主体是不同的。单就基础教育评估来说，不同地区的基础教育评估所涉及的主体也是不同的，即使单一的评估项目，也存在若干子系统，如方案子系统、过程子系统、结果子系统、反馈子系统等，都涉及不同的主体。虽然各个子系统涉及的主体不尽相同，比如制订评估方案的主体和评估实施主体不全部相同，但它们都共同作用于某项评估，并在评估生态系统中相互作用、相互协调，共同构成了基础教育管理评估生态系统的生态主体。

而我们早期的基础教育管理评估主要由教育行政部门主导，政府或教育行政部门担任着评估主体，单一的评估主体使基础教育管理评估行为倾向于对学校进行考核、调控，为学校治理提供信息，学校仅仅处于被评价者的位置，更多的是协助和配合评估工作，其主体地位很难充分发挥。这样的评估导致了评估双方的对立，也造成学校发展缺乏自主性；基础教育生态领域形成了教育行政部门单向控制学校发展的局面，造成了学校办学"千校一面"的局面。另外，由于缺少对单一教育行政部门评估主体的监督，评估中不乏出现一些问题。因此，建立一支开放、包容、多元并且专业化的基础教育管理评估队伍，对于优化基础教育管理评估生态具有重要意义。

（二）建构式评估呼唤多元评估主体

多元文化共存已经成为当前社会的客观现实，以往秉持单一评估主体的价值理论体系不再适用于当代社会的多元化诉求。那么，如何组织多元主体参与评估活动、如何协调不同评估主体之间的价值需求就成为教育评估亟待解决的新问题。因此，为促进教育评估主体之间价值规范的视域融合，教育评估走向共同建构就有了其应然之义。所谓共同建构就是通过对各类与评价有利害关系的人的需求、关注点和问题的应答，并通过对话和协商，逐步达成共识的过程。

建构式评估主体是多元的，我们要把评估中的利益相关方都纳入评估主体范围，之所以如此，主要有以下缘由。

一是评估中的利益相关者也是评估中的风险群体，更能从不同需求的角度对教育发展提出不同的要求。正如古巴和林肯所说，利益相关者在评估客体以及整个评估中处于风险状态，由于评估客体是经由某套标准而被评估的，势必造成许多利益相关者的利益可能被评估置于危险中，也就是说，如果评估带来不利的结果，他们就可能失去相关利益。所以，为了公平起见，应当把利益相关者作为重要因素输入评估过程中。利益可能以金钱、地位、权力、威信、机会等来计算，并且根据代表的群体的不同，利益也有大有小，但是，不管利益的形式或大小如何，不同利益代表了他们对教育的不同需求，这些利益或者说需求的存在，也是他们积极参与教育的有效保证；当不同的利益相关者提出不同的价值标准时就是在表达他们不同的需求，评估标准甚至评估的整个过程都具有很明显的价值标准痕迹，也都可以让他们来表达不同的需求。

二是多元主体的参与可以多角度获得更多信息。在评估中，信息就是力量，评估则是这种力量的来源，把利益相关者的信息输入教育评估中，就能更好地形成比较开放的局面，避免使评估局限在很小的范围内，而且这些利益相关者的信息有时不是预先可以提供的，很多时候是他们在思想相互碰撞、观点争议的过程中所生成的，这意味着如果多元主体有机会将他们的信息输入评估中，并使之得到重视，就可以使他们的信息以合法化的形式得到展现，另外，多元主体的参与可以扩展评估调查的范围，突破一些预定目标对评估结果的约束性；而如果评估的信息并不涉及其他相关当事人的利益，那么就会导致评估关注点变得越来越窄。

三是多元主体的参与也使得他们相互之间得到教育。通常情况下，评估结果并不总是被每一个人所认可，评估结果也总会或多或少受到质疑，比如对评估技术的充分性、评估的释义等的质疑，而且在这种质疑中，每一方都有可能更加坚信自己的判断而不肯妥协。第四代评估主张每个利益相关群体能认真对待那些不同的见解甚至是相互冲突的观点，进而修正自己原有的观点或者解释出现不同见解的原因，这就意味着，在这样的评估过程中，他们会进行大量的学习，更好地理解自己建构的内容并不断修正，使其相较于评估之前更加成熟。另一方面，因为这种"愿意学习和了解"的态度，每个利益相关者群体都能更好地理解其他群体的建构内容，当然，这并不意味着需要各方达成一致，但意味着获得了包括其他群体的建构元素中更先进的知识和对这些内容的合理部分更深入的理解，这个结果也是第四代评估过程的另一个目标。

二、评估主体的多元化

基础教育管理评估主体的多元化，就是要改变传统教育行政部分独揽基础教育管理评估的局面。将基础教育管理评估的利益相关者纳入基础教育管理评估体系，建立包含教师、学生、家长、学校领导部门、教育主管部门、第三方评估机构等的复合评估队伍。

从评估的人员组成来看，应该分为外部评估和内部评估，内部评估主要是由学校领导、教师、学生所开展的评估，外部评估主要是由教育主管部门、第三方评估机构和家长等所开展的评估。

（一）学校领导

学校领导是学校教育活动的组织者、领导者。作为学校办学的领导者，学校领导直接领导了学校教育理念的选择、办学方案的制订以及教育活动的具体实施。学校评估即是对学校领导自己领导的学校工作做一个总结，同时学校评估本身也是其学校领导工作的一部分。因此，学校领导应该是基础教育管理评估理所应当的评估主体之一。

（二）教师

教师是学校办学方案的执行者、学校教育活动的直接承担者，对学校的教育现状有着切身的体验。在以往的学校评估之中，教师往往是一个被评估的对象，是评估活动中的客体。之所以将教师纳入评估主体有如下考虑：一是因为教师作为教育活动的直接参与者，能为评估活动提供较全面的评估信息。二是因为教师是学校教育活动的主体，有权利参与自己学校的评估。三是因为参与学校评估活动可以让教师了解学校的办学现状、存在的问题和改进的方向，对学校领导做出的决策能更好地执行。四是因为参与学校评估也是对教师自身教学工作的一个检验，丰富其教育经历，促进教师专业化发展。

（三）学生

教育是一个教与学双向互动的活动，学生是教育活动的主体。学校教育的最终目的是促进学生的发展。一个学校办得好不好，学生是最好的评判者。学生参与学校评估有许多好处，其一，学生是学校办学的主要服务对象，让学生参与学校评估，能增强学生对学校的归属感，加强学校凝聚力；其二，学生参与学校评估能体现学生的主体地位，促进学生主体意识的形成，从而促进学生的发展；其三，俗话说"知屋漏者在宇下，知政失者在草野"，学校办学成效如何，学生有直接的发言权，因此，学生应当参与对学校的评估；其四，对学校评估的参与可以让学生更加了解学校的现状，评估本身也是一次学校与学生之间信息沟通的机会。但是学生参与学校评估也存在一些问题，比如很多人担心学生会因为学业上的失败而迁怒于教师、学校，甚至教师会为了获得一个较好的评价而迎合学生的课堂要求，影响教师教学的专业性。这种现象确实存在，但是大量的学生参与评估总能反映整体学生眼中的学校状况。如果一个学校大部分学生的评价都不是很好，其真实的情况应该也不容乐观；如果一个学校的办学状况很好，大部分学生应该会给予一个好评。

（四）家长

家长也是教育评估主体之一，家长既是教育活动的参与者，也是教育活动的主要责任人。家长将孩子送入一所学校时，关心学校的办学水平、师资力量、校园文化，希望自己的孩子能在学校教育中获得发展。家长参与学校评估有如下理由：其一，家长是学校和社会的联结纽带，家长对学校的期望反映了社会对学校教育的期望，家长的需求是学校办学质量的评估来源；其二，家庭教育和学校教育密不可分，家校双方只有加强联系，通力合作，才能促进学生的全面发展，而家长参与学校评估是加强家校联系的一种重要形式；其三，家长为非教育专业人员，教师、学校领导为教育专业人员，促进专业人员和非专业人员共同参与学校评估能形成一个和谐的学校评估生态。

（五）教育主管部门

教育主管部门是指学校所在地区的教育行政主管部门。教育主管部门主管所在区域的教育事业发展，统筹全地区的学校教育发展。教育主管部门作为学校的领导部门，其对本学校的教育发展期望代表了国家和地方对本学校的发展期望。长期以来，学校评估都是教育主管部门主导的，作为教育主管部门对学校的管理、考核的形式之一。教育主管部门参与学校评估，从而了解学校办学现状，分析存在的问题，为制定本地区教育政策、教育规划提供信息。

（六）第三方教育评估机构

第三方教育评估机构在评估中具有如下优势：其一，独立于教育管理方和办学方，具有中立性，使评估更加公正；其二，具有专业的评估团队，专门从事教育评估服务，具有较高的专业性；其三，引入第三方教育评估机构能丰富教育评估生态，促进教育评估专业化和评估质量提升。

当然，正如前文所说，评估主体多元并不意味着多多益善，要想让教育评估中每一个利益主体都能充分表达他们的意愿并且为他们提供的信息负责，还需要作为公开、客观、公正代表的第三方教育评估机构承担协调的责任，使各利益主体能共同致力于建构一个有意义、有价值的评估体系。

总之，生态系统要素的丰富、多样，各要素间的复杂联系、沟通是形成一个成熟的生态系统的条件，在学校评估系统内评估主体的多元化也能促使学校评估生态系统的成熟化。基础教育管理评估是根据一定的价值标准，收集学校教育活动的信息，进行价值判断的过程，其中，全面地收集信息并依据一个合理的价值标准是完成一个好的学校评估的必要条件。以一个固定的评估标准来评判一个教育活动并不能达到最好的评估效果，不同评估主体间进行沟通、对话、协商才能形成一个好的评估。评估主体的多元化能全面地收集各个评估主体触及的学校教育信息，同时也能将教育活动中不同主体的价值观念融入评估活动，从而形成一个丰富、全面的学校评估生态。

三、评估主体的专业化

教育评估主体的多元化并不代表降低评估的专业化需求。教育评价的专业化既是一个专门研究领域，又是一个专业实践。作为专业实践的教育评估具有较高的专业性，只有接受过专门训练的人员才能胜任教育评估工作，基础教育管理评估亦然。然而，在学校评估主体中的家长、学生必然没有经历过教育评估领域的专门训练；事实上，即使是教育主管部门、教师、学校领导等长期从事教育工作的人也有许多并未接受过教育评估的专门训练，可见学校评估主体的专业化问题非常严峻。如何促进评估主体的专业化？笔者有以下思考。

（一）提升专业人员评估素养

当前许多学校评估领域的工作人员并没有教育评估专业的学习背景，专业素养有待提高。为此，应当从以下两方面入手：其一，加大教育评估专业学历教育。目前教育评估作为教育学的一个分支学科融入教育学的学历教育之中。我国开始推进教育"管办评分离"，鼓励第三方教育评估机构参与教育评估，势必出现对教育评估人才的需求，因此应当扩大教育评估专业的学历教育规模。其二，通过培训形式，提高在职人员教育评估素养。对于教育主管部门、学校领导、教师等教育工作人员，教育评估应作为其专业素养的内容。为此，应该开展专业的教育评估培训，提升其评估理论水平、评估理念、评估技术。教育评估人才是基础教育管理评估的具体实施者，如果没有形成一个高素质的教育评估队伍，基础教育管理评估就会成为无源之水，无本之木。

（二）鼓励第三方教育评估机构发展

许多发达国家具有完善的第三方评估系统，其在教育评估领域中发挥着重要作用。我国由于没有这个传统，第三方教育评估机构发展还很不完善。2013 年开始推行教育领域"管办评分离"改革，鼓励社会评估机构参与教育评估，第三方教育评估机构开始出现。当前的评估实践经验也表明，要提高评估主体的专业性，需要大力发展第三方教育评估机构。第三方教育评估机构的发展可从以下两个方面入手：一是加大教育评估专业的人才培养，第三方评估机构的发展需要大批高素质的教育评估专业人才，从教育生态学的角度讲，评估人才是教育评估生态系统中"输入"的部门，没有足够的人才"输入"，教育评估生态系统就会失衡。二是政府将原有的学校评估业务"外包"，支持第三方教育评估机构的发展。尽管在政策上，我国已经放开学校评估，鼓励学校、学生、社会等多方参与评估，但是长期形成的"传统评估局面"一时间难以改变，政府仍然在学校评估中发挥着重要作用。为此，政府应该主动放权，将部分原来的评估业务外包给可靠的第三方教育评估机构，鼓励其发展。

第三节　基础教育管理评估生态系统结构

生态系统结构是指构成生态系统的各个组分，尤其是生物组分的种类、数量和空间配置，以及各组分间能量、物质、信息流的途径与传递关系，并在一定时期内通过相互联系和相互作用而处于相对稳定的有序状态。基础教育管理评估生态系统结构，是指基础教育管理评估生态系统内评估主体、评估对象和评估影响在时间、空间方面的配置方式以及其内部联系方式。研究基础教育管理评估生态系统结构，有助于了解系统内各种要素之间的联系方式和作用机理，为基础教育管理评估生态系统的调节和控制提供基础性依据。

一、生态系统结构的形式及原理

生态系统结构的相关理论和分类为基础教育管理评估生态系统结构分析提供了基础和借鉴。

（一）生态系统的结构形式

为了便于分析和认识生态系统，常将生态系统构成划分成以下三个方面：组分结构、时空结构和营养结构。

组分结构是指生态系统中不同种类、不同数量的要素所构成的系统结构。不同生态系统组分结构差别比较大，比如热带雨林生态系统的组分结构比较丰富，而冰原生态系统的组分结构则比较简单；即使物种类型相同，但各物种类型所占比重不同，也会产生不同的功能。此外，环境构成要素及状况也属于组分结构。

时空结构也称形态结构，是指各种生物体或群落在空间和时间上的不同配置和形态变化特征。时空结构包括水平分布上的镶嵌性、垂直分布上的成层性和时间上的发展演替特征，即水平结构、垂直结构和时空分布格局。

营养结构是指生态系统中各组分之间建立起来的营养供求关系，是以食物营养为纽带所形成的食物链和食物网，它是构成物质循环和能量转化的主要途径。

（二）生态系统结构原理

1. 生态适应原理

强调生物体与环境之间处于相互作用、相互适应的动态过程中。生物体随着环境的变化而改变自身，以更好地与环境相适应。生物体对自然环境的适应，称为生物体的生态适应；生物体对自然环境的影响，称为生物体的生态效应。生态适应是在长期的过程中实现的。不管是适应、效应，生态系统是一种动态的存在。

2. 生态共生原理

因为不同的生物种群之间存在着十分复杂的正向和负向的相互作用，它们能够长期共存。负向相互作用有种间竞争、捕食与寄生、偏害作用；正向相互作用有原始合作、互利共生、偏利共生等。

3. 充实生态位原理

前文对生态位的概念已做了简单介绍，当可利用的资源减少时，生物体生态位的宽度就增加，也容易造成生态位的泛化；在资源多的情况下，容易造成生态位的特化。生态位主要分为两类：某一生物体所栖息的理论上最大空间，即没有种间竞争的种的生态位，称为基础生态位。这是一种理想状态。实际情况是，这种理想状态很少出现，大多情况下，会有不同的生物体在同一资源空间中进行竞争，生物体在有竞争的情况下只占据基础生态位的一部分生态空间，这一部分实际空间就称为该生物体的实际生态位。

4. 食物链构成原理

食物链是生物体之间以及生物体和环境之间通过食性营养关系所联结起来的纽带，交错的食性营养关系就构成了食物网，食物链或者食物网的存在促进自然生态系统的稳定和平衡。该原理强调对食物和资源的充分利用，从而增加系统功能。

5. 整合效应原理

该原理有一个前提假设，即完善的系统结构是有序的和整体的。因此，通过合理的资源配置、系统内组分的有序排列，建立健全结构和功能的反馈关系，并防止和抑制各要素之间功能相互抵消的现象发生，从而使一定量的资源投入生产会获得更多的产品。

二、基础教育管理评估生态系统治理结构

治理结构是指组织的权力机关的设置、运行及权力机关之间的法权关系。基础教育管理评估的治理结构是指基础教育管理评估生态系统的外部权力和内部权力体系的总和。从基础教育管理评估生态系统的治理结构来看，它体现的是政府、教育行政部门、第三方教育评估机构、学校和社会的综合治理。

基于此社会环境，基础教育管理评估生态系统的内部治理结构也和第三方教育评估机构的建设密切相关。第三方教育评估机构因其具有相对独立性、专业权威性、社会服务性等特点，越来越受到人们的关注。

但是对于什么样的组织和机构以及什么样的人可以承担教育评估的任务这一问题，人们还不能给出明确的答案，因为在第三方教育评估机构的资质认证问题上，现在还没有完善的法律法规予以规定和支持，没有对第三方教育评估机构进行管理和认证的机构，没有建立统一的评估体系和评估程序，没有明确第三方教育评估机构和人员具备什么条件才有准入资质。虽然相对于政府和学校来说第三方教育评估机构具有独立性，但自主运营涉及经费问题，而在经费使用方面也缺少标准，即教育评估的委托方以什么标准来支付费用，第三方教育评估机构以什么标准来发放评估专家及其他工作人员的劳务费等，也都没有明确的规定；相应的市场竞争机制也没有建立；等等。缺少参照和标准也给第三方教育评估自身建设带来了一定的困难。

虽然有诸多困难，但是许多教育评估机构为了机构本身以及评估事业的可持续发展都做出了不懈的努力。再者，目前一些民办性质的第三方教

育评估机构属于民办非企业法人单位，可以适当收取相应的费用，一定的财权增强了评估机构独立自主发展的能力，他们可以根据机构的发展方向，选聘合适的工作人员，制定相应的管理制度，开展一系列教育评估活动。

三、基础教育管理评估生态系统的时空结构

和自然生态系统不同的是，基础教育管理评估生态系统是一种耗散结构系统。耗散结构是系统的一种特殊结构，是系统在时间、空间和功能上靠外界作用，维持有序的一种状态。基础教育管理评估生态系统主要以人类社会作为自己存在的外界环境，外界环境向它输入资金、设备、技术、文献、人员以及各项方针、政策，基础教育管理评估实践向外界输出各种信息（政府管教育的情况以及学校办教育的情况），并将这些信息作为后续办学的新的能量。正是基础教育管理评估实践与外部环境进行着物质、能量和信息的交换，基础教育管理评估生态系统才能在这种动态的交换中保持一定的有序状态，如果这种动态交换一旦中断，基础教育管理评估生态系统就会失去动态平衡。所以，基础教育管理评估生态系统最基本的结构是"输入——运行——输出"的动态过程。

因此，从时空角度来看，按照基础教育管理评估的具体流程和相关要素，继续详细地分解这个动态结构，可以把该生态系统的结构分解为评估理论层、评估现实层、评估运作层、评估作用层。这四个圈层之间相互独立，又密切联系，构成一个完整的基础教育管理评估生态系统。

（一）评估理论层

马克思主义哲学认为理论来源于实践，并指导实践。基础教育管理评估活动一旦形成，其运作的各个环节就都会受到存在于人头脑中的评估理论的指导。评估理论层是存在于学校评估系统中的关于评估的理论、观念和思想。评估理论层是学校评估生态系统中抽象的存在，它没有具体的形态，

却是整个学校评估系统中最关键的圈层，对整个学校评估系统具有举足轻重的作用。评估理论层包含很多涉及学校评估的理论，如形成性评估理论、发展性评估理论、建构评估理论，诊断性评估、形成性评估、总结性评估等，不同的评估理论对学校评估实践都有不同的作用。按照对学校评估实践的影响作用，可以分为评估本体论、评估运作论、评估发展论三大部分。评估本体论主要是评估的概念、目的、作用、意义等本体论问题；评估运作论是主要包括评估的程序、方法、策略等进行学校评估的具体操作问题的理论，评估发展论主要探讨评估如何促进教育发展（包括学生发展、教师发展、学校发展），评估实践如何发展，评估理论如何发展，等等。好的学校评估实践，需要有一个丰富的评估理论层为学校评估实践提供良好的理论指导。

（二）评估现实层

实践是主观见之于客观的活动。作为一项实践活动，基础教育管理评估实践发端于理论形态的主观意识，即评估理论；指向于学校评估活动的立足点——现实需求。基础教育管理评估生态的第二层为评估现实层。教育场域中对评估的现实需要是学校评估活动的出发点和归宿点。每一项学校评估活动都起源于现实对学习评估的需要，而评估活动的进行都紧紧围绕对学校评估需要的回应、满足。基础教育领域对学校评估的不断需求，构成了评估活动周而复始，不断进行的现实基础。评估现实层主要包括基础教育领域中对评估活动的种种需要，可以分为社会需要、政府需要、学校需要、个人需要。社会需要是指社会对学校办学的质量、规模进行定期考核、监督，以检验学校教育是否满足社会需求，是否对学校办学进行适当调整以更好地回应社会对学校办学的不同需要；从长远来看，学校办学的主要目的是通过学校办学促进整个社会的发展，因此社会需要是评估现实层中最重要的一种现实需求。政府需要是指政府为更好地发挥对教育的管理和服务作用，通过评估了解学校办学情况，以为资源分配、政策制定和调整提供依据。学校需要是学校在办学过程中，需要了解自身办学质量的优劣、存在的问题，进而产生对学校评估的需求。个人需要是指教育领域中的个体对所在学校发展有一定认识，进而产生个人对学校评估的需求。此处的个人既包括老师，也包括学生。总之，评估现实层中对学校评估的种种需要是学校评估实践得以进行的现实基础。

（三）评估运行层

评估理论层为学校评估生态系统提供理论指导，评估现实层为学校评估提供现实需求，评估运行层则将学校评估纳入具体的实际操作进程中。学校评估运行是学校评估实践得以生成的关键环节，通过评估运行，原先的评估理论获得了实践支撑，原有的评估需求开始有所回应。

评估运行层一般由两个机构——教育行政部门和教育评估机构主导。教育行政部门是学校评估运行的主要负责部门。教育行政部门主要负责本辖区的基础教育学校的管理，对本辖区中小学进行评估是教育行政部门的分内职责。因此，传统上基础教育管理评估往往是由教育行政部门发起、组织、验收的。然而教育评估是一项专业性的实践，许多教育行政部门的工作人员往往没有相关专业知识，也没有接受过评估类专业训练。所以，基础教育管理评估的专业性一直受到质疑，为人诟病。在这个问题的解决上，国外的经验是引入第三方教育评估机构，将教育评估业务外包给专业的第三方教育评估机构。随着教育"管办评分离"改革的推进，我国的基础教育领域开始引入第三方教育评估。在这样的背景下，形成了"教育行政部门主导，教育评估机构参评"的格局。作为独立于教育活动的"办学方"和"管理方"的教育评估机构，具有中立性，因此可以客观、公正地进行学校评估。教育评估机构的工作人员都是专门的教育评估人员，受过良好的教育评估训练，学校评估的专业性可以得到保证。

（四）评估作用层

评估作用层是指基础教育管理评估生态系统中评估活动所发挥的作用。作用就是事物间的相互影响，一项学校评估活动的作用是多样的—有些是评估目的中预期的作用，有些是评估目的预期之外的作用。基础教育管理评估的作用，按对象可以分为对学校的作用、对学生的作用、对老师的作用、对社会的作用；按层次可以分为对教育活动的作用、对评估实践的作用、对评估理论的作用等。基础教育管理评估是对学校教育活动的检验、鉴定，其目的在于总结学校办学经验，分析存在的问题，促进学校进一步发展；其中，对学生的作用在于，让学生了解所在学校的办学方式，检验学生学业成就和综合素养，指导学生进一步学习。

基础教育管理评估生态系统结构还有不同的划分角度。从层次的角度来看，基础教育管理评估有以区域所有基础教育学校为对象的评估，有以某几所基础教育学校为对象的评估，有以某一所学校为对象的评估，有以区域所有基础教育学校的某一块或某几块工作为对象的评估，比如德育、管理、课程、教学、文化建设、学生发展、教师发展等。

第四节 基础教育管理评估生态系统功能

基础教育管理评估生态系统具有一般生态系统的生态功能，如能量流、物质流、信息流等，同时也具有促进教育发展和社会服务的社会功能。基础教育管理评估生态系统在其良好的生态功能前提下，实现高效的社会功能。

一、教育评估功能的历史演进

教育评估有较长的发展历史，在不同的历史时期具有不同的表现。纵观教育评估的发展历史，其功能表现基本经历了从简单到复杂这样一个过程。

从教育评估发挥的作用来看，评定是教育评估较早发挥的作用。我国最早的教育理论专著《学记》就曾记载："比年入学，中年考校，一年视离经辨志，三年视敬业乐群，五年视博习亲师，七年视论学取友，谓之小成；九年视知类通达，强立而不反，谓之大成。"从这段文字中可以看出，我国很早就开始通过评估的手段对学生的学业进行评定。其实，早在科举制发明以前，先秦时期就有记载原始社会的选拔制度"试舜五典百官，皆治"，意思是尧通过让舜担任各种官职，测试其治理能力，结果显示都能胜任，随后将舜选为继承人，可见在原始社会晚期，就已经开始通过评估选拔人才了。隋唐以后科举制开始盛行，评估开始作为选拔人才的工具登上历史舞台，由此评估选拔人才的功能开始为统治者所重视。到了现代，泰勒将目标作为教育评估的依据，加强了评估对教育调控的功能，他认为评价的过程其实就是课程和教学大纲在实际上实现目标程度的过程。在发展至第四代教育评估理论后，评估开始通过对话、协商、鉴赏等方式呈现，从而进入一个多种评估功能并重的个性化时期。我们可以从中得出这样一个结论：鉴定、选拔、导向三个功能指向对教育结果的评估，我们可以称其为评估的基础性功能，在评估历史的早期就为人们所重视；诊断、激励、调整三个功能指向于教育的过程，我们可以称其为发展性功能，其随着评估理论的发展而逐渐为人们所关注。

二、基础教育管理评估生态系统的生态功能

（一）生态系统的三大生态功能

生态系统功能主要有三类：物质循环、能量流动和信息传递。从物质循环功能来说，生态系统的物质循环简称物质流，这是一个生态系统中的各种有机物质经过分解者分解归还环境中循环利用过程；物质循环可以在不同的生态系统之间以及生态系统的各子系统之间进行，在循环过程中，物质只是改变了形态而不是消灭，因而，输入和输出是相等的。①从能量流动功能来说，生态系统内部和外界环境在相互作用的过程中始终伴随着能量的运动和转化，这种能量流动是方向不可逆的单向流动，比如光合作用被植物所固定，之后不再以光能的形式返回。而且能量流动的过程，也是能量不断递减、质量不断递增的过程。②从信息传递功能来说，信息是生态系统中生物体与生物体、生物体与环境之间普遍存在的、可相互联系的、可利用的信号，生物体在信息的影响下做出相应的反应或行为变化，是响应外界调控的依据。一个生态系统能否高效持续发展，在很大程度上取决于其信息的生产量、信息获取量、信息获取手段、信息加工与处理能力、信息传递与利用效果，以及信息反馈效能。③我们也通常将一个生态系统中的物质循环、能量流动、信息传递称为物质流、能量流、信息流。④任何一项功能的发挥必然都伴随着其他两项功能的发挥：物质流是生态系统的物质基础，是生态系统的实体成分，能量流和信息流都依附于物质流的循环。能量流是生态系统中所蕴含的能量的传递与流动，生态系统中物质的输入、转换、输出，都伴随着能量的流动、转换、利用、消耗、回收。物质循环和能量流动的过程中同时也伴随着信息的传递，从而形成信息流。生态系统中物质和能量的变化都具有某种"生态信息"，物质流、能量流的

循环之中就蕴含着种种生态信息的传递。物质流、能量流、信息流的不断循环往复构成了整个生态系统周而复始的动态变化。

（二）基础教育管理评估生态系统的生态功能

基础教育管理评估生态系统既存在以上基本的生态功能，也存在着这样的物质流、能量流和信息流。

1.基础教育管理评估生态系统生态功能表现形式

基础教育管理评估生态系统中的物质流、能量流、信息流隐含于生态系统中的各个圈层之中，三大生态功能的表现形式具体如表8-2所示。

表8-2 基础教育管理评估生态系统中的物质流、能量流、信息流

圈层	物质流	能量流	信息流
评估理论层	评估理论的书籍、论文、研究报告及其他理论成果	评估理论智力、财力	评估理论信息
评估现实层	反映现实需求的调研报告及各种需求表达的物质材料	评估现实调研的技术智力与劳力、财力	评估需求信息
评估运行层	评估中案、评估证明材料、调查问卷、评估机构和教育行政部门、技术资源（如电脑、网络）	评估所需的智力、劳力、财力、心理能量	评估运行中的各种信息（人员互动、资料信息、评估活动本身的反馈和调节信息）
评估作用层	评估过程性资料、评估报告的文本材料、评估人员和被评人员的心理过程、评估的社会影响	评估报告所需智力及报告执行的智力、劳力、财力、心理能量和社会能量	评估报告信息、评估反馈信息

（1）物质流

物质流是基础教育管理评估生态系统中的物质实体，贯穿于整个评估系统。在评估理论层面，有关评估的本体论、运行论、发展论都是观念形态的理论，不具备物质实体。因此，评估理论层的物质流主要表现为承载评估理论的物质载体，如书籍、研究报告、学术论文及其他形式的理论材料。多种形式的评估理论材料为基础教育管理评估提供了扎实的理论基础。在评估现实层面，基础教育管理评估生态系统的物质流体现为两类：一为具有评估需求的物质现状；二为表现该现状的文本材料。前者为具有评估需求的学校、个人、社会的现实状况，后者为对该状况的文本反映，如调研报告、需求分析等。在评估运作层面，学校评估生态系统的物质流有文本类的评估方案、评估过程中产生的评估材料，实体类的学校、评估机构、教育行政部门的基础设施等。在评估的作用层面，评估生态系统的物质流表现为评估报告和评估后所产生的作用效果的物质现状，如评估人员的心理过程以及接受评估后的教师、学生的心理过程，以及评估所产生的社会影响。

（2）能量流

能量流是伴随物质流而存在的能量传递。能量流承载的能量形式主要有以下几类：智力、劳力、财力、心理能量和社会能量。智力是指评估活动中所需要的人类智能的能力消耗、流动，智力可以分为理论智力和技术智力。理论智力主要是评估理论研究过程中所需要的理论研究的智能消耗，技术智力主要是在评估准备、运行、总结过程中需要的技术操作的智能消耗；智力是人们进行专业性活动的必备能力，评估作为一项专业性活动，需要大量智力消耗。劳力是指评估活动中所需要的非智力的操作劳动力。财力是指评估活动中涉及多种资料的输入和评估人员体力与脑力的消耗，需要一定的财力支持。心理能量是评估过程中支持或规范人们评估行为的动力和支持力，如对评估活动的接纳、认可或者排斥，坚守评估规范的意志力等。

社会能量是评估后体现出来的公信力对社会的影响。智力、劳力、财力三者渗透于评估生态系统的各个圈层，每个圈层对每种能力的需求各有侧重。财力的投入贯穿于整个评估系统的全部圈层，在评估理论层智力的投入侧重于理论智力，在评估的现实层、运行层、作用层则更需要技术智力和劳力投入。智力、劳力、财力相互并存，三者相互转化，推动着评估生态系统的运行。

（3）信息流

信息流是基础教育管理评估生态系统中所蕴含的评估信息的传递。基础教育管理评估的过程就是获得信息、分析信息、处理信息的过程。信息传递伴随着物质循环、能量流动而进行，贯穿于整个评估生态系统的各个圈层。在评估理论层面，评估信息主要表现为反映评估理论的信息。在评估理论中，有关评估本体论、运行论、发展论的信息应该都占有一定比重，取得一定均衡。在评估的现实层，主要包括学校评估的社会需求、学校需求、个人需求的信息。在评估的运行层，主要包括评估运行本身的信息和评估运行过程中产生的信息。在评估的作用层，主要是评估报告的信息和评估结束后对学校、教师、学生和其他相关主体的反馈信息。评估生态系统的信息流在各个圈层之间相互流通、转换，理论层的理论信息和现实层的需求信息经过评估运作层的处理转换成了评估报告的信息，完成了评估信息流的一次流通。最后的评估报告中的信息，一方面，流向学校教育，促进学校发展，而学校在发展过程之中又会产生新的评估需求；另一方面评估报告中的信息又会流向评估理论层，影响评估理论的发展。两者相互作用，共同促进，形成评估系统的循环。

2.基础教育管理评估生态系统三大生态功能的相互作用

基础教育管理评估生态系统中的物质流、能量流、信息流是相互伴随、依存，又相互作用的。物质流、能量流、信息流在整个评估生态系统中起着不同的作用，共同维护生态系统的动态平衡，促进评估生态系统的发展。

具体来说，物质流是评估生态系统存在的物质基础，能量流是评估运作的动力之源，信息流是评估生态系统发展的目标指向。

（1）物质流：基础教育管理评估生态系统存在的物质基础

生态系统是生物与其环境进行同化作用和异化作用来实现新陈代谢的互动机制。生态系统中既包括实体形态的物质基础，也包括非实体形态的能量、信息等要素，生态系统的物质形态的实体是整个生态系统存在的基础，在基础教育管理评估生态系统中，物质流是评估生态系统存在的物质基础。物质流对整个评估生态系统的存在意义，可以从三个方面理解：一是没有物质流，整个评估生态系统就不复存在，能量流和信息流也会因此中断，评估生态系统就会瓦解。二是物质流为生态系统中的能量流动、信息传递提供了物质载体。能量、信息等非物质形式的存在需要依托一定的物质形式才能实现流动、传递。三是物质流是能量、信息产生的母体，生态系统中的所有能量、信息都源于该系统中的物质实体。学校评估生态系统中的物质流始终在评估系统中占有基础性地位。

（2）能量流：基础教育管理评估生态系统运作的动力之源

基础教育管理评估生态系统是一个动态变化的系统，评估系统内部的诸要素时刻都处于运动、变化之中。系统的动态变化需要能量的推动，否则就会停滞不前，生态系统中的能量流就是其运作的动力之源。我们也可以从三个方面来理解：一是评估生态系统中能量源源不断的流动推动了物质不断循环、更替，伴随着评估系统中智力、财力、劳力三者的相互融合、相互转换，评估系统中的不同形式文本之间在相互转换，旧的物质材料被废弃，新的物质材料被引入，实现评估物质材料的"新陈代谢"。二是评估生态系统中能量流动推动了信息不断传递，评估生态系统中理论智力、技术智力与劳力、财力的结合推动了评估生态系统不同圈层的相互转换、更替，是评估的理论信息、需求信息、运作信息、结果信息的不断转换、更替，及时间信息的不断流动。三是评估系统的能量流动促进整个学校评估生态系统的良性发展，评估生态系统中理论智力不断发挥作用，推动了评估理论的发展，也为学校评估运行指引了方向；评估系统中，财力、技术智力、劳力的相互作用推动学校评估实践的不断发展；评估理论与实践的相互作用共同推进学校评估实践生态系统发展。

（3）信息流：基础教育管理评估生态系统发展的目标指向

学校评估生态系统中的信息获得、传递、转换、利用是评估活动的目标归宿。学校评估是一项旨在了解学校办学过程中的信息，通过理论分析、实证考察，转换成能够评判学校办学水平、指导学校发展的评估信息（即评估报告）的活动。评估生态系统中的物质循环、能量流动，最终目的都是将评估场域中的原始信息转换为我们所需要的评估信息。对于这一点，我们也可以从三个方面来进行理解：一是评估系统中信息流动是评估活动的主要关注点，评估的目的在于发现已有信息，分析有意义信息，推测可能信息，因此，信息的流动是评估活动的关注焦点。二是评估系统中信息的流动转换标志着评估活动的进度，评估信息在评估理论层、评估现实层、评估运行层、评估作用层之间相互转换；从理论形态、现实形态不断地转向评估结果形态（评估报告），每一次的转换都是评估活动的进一步开展。三是评估系统信息的流通是物质、能量的流动促使了评估意义的生成，评估活动的最终目的是获得信息，因此评估信息的每一次流动、转换意味着该层级的物质流动、能量流动获得了具有评估价值的意义信息。

基础教育管理评估生态系统中的物质流、能量流、信息流相互依存、相互作用，促进了评估实践的不断推进和发展。但我们同时还应清楚的是，在基础教育管理评估生态系统中，评估活动需要消耗各种形式的能量来实现，但这些能量并不是百分之百都能用于评估活动中，基础教育管理评估生态系统的能量转化效率是有限的，为维持评估活动的正常运转，必须采取不同形式给基础教育管理评估生态系统补充能量。

三、基础教育管理评估生态系统的社会功能

基础教育管理评估生态系统是一种典型的服务于教育发展和师生发展的生态系统，因此，在具有生态系统生态功能的同时，具有特定的社会功能。不同类型的评估生态系统，在履行评估生态系统的社会功能时具有自己的重点和特征，从而使其社会功能表现出一定的差异性。

（一）基础教育管理评估生态系统不同类型的社会功能

基础教育管理评估具有多种功能，不同的功能对不同的评估实践具有不同的意义，同一评估实践往往具有多种评估功能。教育评估的"导向、鉴定、选拔、诊断、激励、调整"等功能是学术界对教育评估功能的共识。

1. 导向功能

在进行基础教育管理评估时，评估的组织者要设计一个评估标准。这个评估标准往往成为学校领导、教师、学生的"指挥棒""风向标"。被评估者为了获得良好的评估结果，势必将评估标准作为自己改进的方向，从而教育评估实现了对教育实践的导向作用。评估标准体现的方向，就成了学校教育的奋斗目标，评估标准未提及的东西，就会为学校所忽略。长期以来,高考一直在我国基础教育领域起着"指挥棒"的作用。这种"指挥棒"的作用既有积极的方面，也有消极的方面。积极方面表现在基础教育学校在高考"指挥棒"的作用下，为我国培养了大批基本符合国家基础教育要求的学生，为社会输送了大批人才；消极方面表现在盲目追求"高分"，进行大量"题海战术"，致使学生综合素质低下，创新意识薄弱。因此，有人说"高考不改革，课程改革难以进行气教育评估的导向作用，不仅对学校教育具有积极意义，对教育政策制定与教育管理也具有重要作用。正是评

估对教育实践具有重要的导向功能，教育管理者往往将教育目的具体到评估标准之中以保证教育目的的有效落实。

2. 鉴定功能

基础教育管理评估的鉴定功能就是对学校教育活动的状况、效能、优劣进行评定。鉴定是教育评估与生俱来的功能，是教育评估历史上最有悠久历史的功能。著名教育评价专家本杰明·S. 布鲁姆（Bloom B S，美国）曾说过："考核被用来决定可以让谁进入高一级水平。作为这种过程的一部分，考核的结果与教师的判断已变成一种划分等第的制度，每年或更为频繁地把学生加以区分……考核或其他评价程序是用来对每个学生在教育系统中的价值或前途作出决定，尤其是一些关键的，而且常常是不可逆转的决定。这些决定与划分等第常常影响到每一个学生的全部生涯。"教育评估中的鉴定可以分为三种类型：水平鉴定、评优鉴定、资格鉴定。水平鉴定就是根据某一种标准对学校的办学水平进行鉴定，评判其是否达到某种水平；评优鉴定就是依据某种评估标准，评判不同学校间办学水平的优劣；资格鉴定就是依据某种评估标准，对学校是否具备某种办学资格进行鉴定。

3. 选拔功能

选拔就是根据评估的鉴定结果，对评估对象进行一定筛选，优胜劣汰。有学者认为选拔是教育评估最初、最根本的功能。教育评估的选拔功能也具有悠久的历史。在汉代太学建立初期，董仲舒的建议就被采纳，通过"问材"来对人才的治理能力进行考核。我国古代的科举制就是典型的出于选拔人才的需要而进行的定期性的人才评估制度，通过不同科目的评估选拔出优秀人才，委以官职，进入统治阶层，辅佐君王治理国家。到了现代，教育评估的选拔功能仍具有重要的地位，高考就是一项分配高校入学资格的人才选拔评估。选拔功能是教育评估史上最重要的功能之一，从教育评估产生到现代，选拔功能始终在教育评估领域占有重要位置。选拔功能的凸显对社会人才选拔、社会分流产生了重大作用，同时也产生了一些问题：其一，目的和手段错位，选拔本是评估的手段，目的是选拔出社会的优秀人才。但是选拔对于个人发展具有重大影响，以至于"如何应对选拔""如何通过评估的选拔使自己脱颖而出"成为教育博弈中众人关注的焦点。顺利通过选拔成为众人追求的目的，每年高考出现的各种雷人标语，都反映了这个问题。其二，评估双方关系的异化，评估本是评定学生学习状况，总结上一阶段学生的学习状况，为下一阶段的学习提供经验反馈。因此，评估双方本是平等对话的关系，而在一些评估情景中，评估双方常被异化为对立关系。

4. 诊断功能

评估的诊断功能是教育评估通过了解学校教育活动现状，分析影响学校教育活动的因素，预测教育活动的前景，从而发现教育活动中存在的问题、机遇，为制订教育方案、教育决策提供信息。依据评估的标准，对已有教育活动的评估，我们能了解现有的教育活动有哪些长处值得保持、发扬，又存在哪些亟待解决的问题、困境，需要提出新的应对策略。评估对教学双方都具有积极意义，从教的方面看，通过教学评估，我们能了解学校的教学状况、取得的教学成就、存在的教学问题，分析其原因，协助教师解决教学活动中的问题，以取得更好的教学效果；从学的方面讲，学生可以了解自己学习过程中存在的问题，因为每个人的学习状况都是有差异的，也都不是"十全十美"的，都具有可完善的地方，那么每一次教育评估，对每个学生来说都是对自己学习状况的一次检验，分析哪些地方存在不足，需要进一步努力。特别强调的是，理解评估的诊断功能需要把握一点——诊断的目的是促进发展。

5. 激励功能

激励就是激发每个人的动力，调动每个人的积极性。评估的激励功能就是一次合理、科学、公正的评估，能对学生的学习状况和教师的教学状况都有一个适当的评定，肯定教育活动的成效，发现不足，明确努力方向。这对于教育领域中的教与学双方都具有调动积极性、激发动力的激励功能。有学者将其称为学习功能，指学生能通过评估对其学习有一个认识，进而能反馈学生的学习。关于评估的激励功能有一个争议，就是如果评估的结果不理想，或者教育活动中的主体（包括教与学双方）对评估结果存在消极的解读，那么教育的评估很有可能起不到激励的作用，相反很有可能起到打击作用。其中，师生对评估的心理反应起到了重要影响作用，因此也有学者将其称为"心理功能"。我们认为即使是不太好的评估结果，也未必一定会对教育主体产生消极作用。比如，在学校评估中，发现某个学校很可能在课程建设方面存在很大的不足，从而激励该校在课程建设方面投入更多的精力，进而促使其在课程建设方面取得进步。评估的目的是为学校办学提供反馈信息，如何利用反馈信息在于学校办学的主体能否正确地对待评估的结果。

6. 调整功能

调整功能是指通过教育评估的反馈可以对教育活动中的策略、方式、行为进行修正，从而更好地进行教育活动。任何实践活动都不可能是一蹴而就的，也不可能所有的教育活动都能按部就班地按照预设的教育方案进行。课程理论史上，泰勒曾提出著名的"目标模式"，即将目标的确定放在课程实施的中心环节，课程内容的选择、课程经验的组织、课程成果的评价都要以符合"目标预设"为标准。这种目标导向的课程思维至今仍有重要影响力。然而这一模式忽视了实践过程中的诸多变量因素的影响，而受到了约瑟夫·施瓦布（Schwab J J，美国）为代表的"实践折中模式"的批判。显然，教育实践过程中的诸多因素会影响教育活动的进行，因此通过过程性教育评估对教育实践过程中的变化因素做出适当回应是明智的选择。评估的调控功能可以从三个层面理解：①从学的层面看，评估的反馈对学生的学习心理、学习行为具有一定调节作用。通过评估，学生能了解自己的学习现状，如果学习退步，就应分析原因，发奋学习，迎头赶上；如果学习进步，就会增加学习自信，增进学习动力，继续保持。②从教的层面看，评估对教师教学心理和教学行为也有调整作用。教学效果不好，教师就要反思原因，变换教学策略和方式。③从教育管理层面讲，评估也能促使教育行政管理主体调整管理方式。

（二）评估生态系统不同层次的社会功能

基础教育管理评估生态系统的社会功能可以分为三个层次：评估理论发展、学校评估推进、学校教育质量提升。

1. 评估理论发展

评估理论发展是学校评估生态系统中的基础功能。评估理论是评估活动的先导，没有评估理论，评估活动就无从下手；评估活动的推进，必须有评估理论的发展。在学校评估实践生态系统中，评估理论处于最底层，是整个生态系统的根基。在评估理论层面，生态系统的"输入"为两方面：评估理论人员的聘任和评估科研活动的开展。评估理论要获得发展需要一批评估理论专业研究人员，并且开展相应的评估理论科研活动。在评估理论层面，生态系统中的物质流、能量流、信息流获得均衡流动，就能促进评估理论的发展。

2. 学校评估推进

学校评估推进是学校评估生态系统的本体功能。学校评估生态系统主要是进行学校评估活动，促进学校评估活动的推进是其本体功能。在基础教育管理评估层面，评估生态系统的"输入"体现为评估专业人员的培训和学校评估方案的设计。与评估理论层一样，学校评估实践层也需要评估专业人员，在评估活动中，有些评估人员可能并不是教育评估的专业人员，为此应当组织一定的评估人员培训，包括评估专家培训以及学校内部进行教育评估的人员培训。学校评估方案设计是对"评估什么""如何评估""怎么样才能更好地评估"的系统设计。人员培训、学校评估方案的设计推进了学校评估的发展。

3. 学校教育质量提升

学校教育质量提升是学校评估生态系统的主要目的。"评估的目的是改进，而不是评定"，学校评估的最终目的是促进学校教育质量的提升。在学校教育层面，评估生态系统的输入体现为学校基础设施建设和学校教师的招募。学校基础设施建设为学校教育活动提供了基本条件，学校教师的招募为学校教育提供了师资力量。将两者结合就能开展教育活动，通过评估系统的评估鉴定学校教育的得失，为学校教育提供反馈意见，进而促进学校教育质量的提升。

参考文献

［1］王哲著.基础教育质量管理及评价研究［M］.长春：东北师范大学出版社，
2019.

［2］李军责任编辑；王建华，卢鸿鸣，缪雅琴.基础教育质量综合评价理论与
实践研究［M］.长沙：湖南教育出版社，2019.

［3］张怀斌主编.基础教育与教学研究［M］.西安：陕西师范大学出版总社，
2019.

［4］何云峰主编；惠中，郑百伟副主编.现代基础教育研究［M］.上海：上海
教育出版社，2019.

［5］王红主编.中芬基础教育比较［M］.武汉：武汉大学出版社，2019.

［6］陈文存，严萍.基础教育英语教师教学指南［M］.重庆：重庆大学出版社，
2019.

［7］杨伟东.基础教育教学课题研究十八问（方法篇）［M］.郑州：大象出版
社，2017.

［8］张世勇著.基础教育化学教科书变革研究［M］.南昌：江西科学技术出版
社，2019.

［9］沈红雷主编.青少年知识产权基础教育读本［M］.苏州：苏州大学出版社，
2019.

［10］杜彦武.地方大学数学教育与基础教育互动发展研究［M］.长春：吉林出版集团股份有限公司，2019.

［11］王广洲主编.长春市基础教育学校办学特色探索［M］.长春：吉林人民出版社，2019.

［12］葛军，徐万田编著.淮安基础教育质量保障体系构建研究［M］.苏州：苏州大学出版社，2019.

［13］孙宽宁，路书红编著.基础教育改革专题［M］.北京：教育科学出版社，2018.

［14］娜仁高娃著.基础教育场域论［M］.重庆：重庆大学出版社，2018.

［15］廖世全，吴英著.基础教育三部曲［M］.北京：经济日报出版社，2018.

［16］陈莉欣著.基础教育管理与质量评价［M］.北京/西安：世界图书出版公司，2018.

［17］邵泽斌主编.江苏基础教育政策研究报告（2016）［M］.南京：南京师范大学出版社，2018.

［18］于漪著.于漪全集1基础教育卷［M］.上海：上海教育出版社，2018.

［19］束定芳，朱彦等编著.基础教育阶段英语课程标准国别研究报告［M］.上海：上海外语教育出版社，2018.

［20］赵雄辉主编.湖南省基础教育课程改革样板校经验分享［M］.长沙：湖南教育出版社，2018.

［21］屈华主编.山水秦馀：以秦馀小学为例的基础教育实证研究［M］.苏州：苏州大学出版社，2018.

［22］谢绍熹等著.广东省推进基础教育现代化策略与路径探索［M］.广州：广东高等教育出版社，2018.

［23］周钢，李永杰主编；郭晖，杨健，吕海燕等副主编.全国高等院校计算机基础教育"十三五"规划教材大学计算机基础实验［M］.北京：中国铁道出版社，2018.

［24］汤林春总主编.新型城镇化与教育发展丛书新型城镇化背景下基础教育资源配置研究［M］.上海：同济大学出版社，2018.

［25］王志彬，肖志刚，郭庆主编；代薇，黄玉新，涂丹霞副主编.桂香灵动——华中师范大学基础教育合作办学理论与实践研究（1）［M］.武汉：华中师范大学出版社，2018.

［26］吴庆国，张效宇编著.多元视角下的基础教育［M］.长春：吉林大学出版社，2017.

［27］戴红顺著.基础教育热点问题研究与思考［M］.长春：东北师范大学出版社，2017.

［28］褚蝶花，黄丽芳，朱丽娜主编.教育管理与教学艺术［M］.北京：中国原子能出版社，2017.

图书在版编目（CIP）数据

教育管理理论与实践研究 / 卢波著 . — 长春：吉
林出版集团股份有限公司 , 2022.4

ISBN 978-7-5731-1359-7

Ⅰ . ①教… Ⅱ . ①卢… Ⅲ . ①教育管理—研究 Ⅳ .
① G40-058

中国版本图书馆CIP数据核字(2022)第053664号

教育管理理论与实践研究

著　　者	卢　波	
责任编辑	齐　琳	
责任校对	周　骁	
封面设计	阿尔法出版(北京)有限公司	
开　　本	710mm×1000mm　1/16	
字　　数	228千	
印　　张	16.5	
版　　次	2022年4月第1版	
印　　次	2022年4月第1次印刷	

出版发行	吉林出版集团股份有限公司
电　　话	总编办：010—63109269
	发行部：010—63109269
印　　刷	三河市兴国印务有限公司

ISBN 978-7-5731-1359-7　　　　　　　定价：68.00 元